PATRICIA SOARES

COMUNICAÇÃO E A PRÁTICA DO/A ASSISTENTE SOCIAL

A Consolidação do Projeto Ético-político

Copyright © 2023 by Patricia Soares.
Todos os direitos reservados e protegidos pela Lei 9.610, de 19.2.1998.
É proibida a reprodução total ou parcial, por quaisquer meios,
bem como a produção de apostilas, sem autorização prévia,
por escrito, da Editora.

Direitos exclusivos da edição e distribuição em língua portuguesa:
Maria Augusta Delgado Livraria, Distribuidora e Editora

Editor: *Isaac D. Abulafia*
Diagramação e Capa: *Julianne P. Costa*

Dados Internacionais de Catalogação na Publicação (CIP) de acordo com ISBD

S676c	Soares, Patricia
	Comunicação e a Prática do Assistente Social: a Consolidação do Projeto Ético-político / Patricia Soares. - Rio de Janeiro, RJ : Freitas Bastos, 2023
	108 p. ; 15,5cm x 23cm.
	Inclui bibliografia.
	ISBN: 978-65-5675-235-8
	1. Assistente Social. 2. Comunicação. 3. Prática. I. Título.
2022-3668	CDD 361
	CDU 364

Elaborado por Vagner Rodolfo da Silva – CRB-8/9410

Índices para catálogo sistemático:
1. Assistente Social 361
2. Assistente Social 364

Freitas Bastos Editora
atendimento@freitasbastos.com
www.freitasbastos.com

SUMÁRIO

PREFÁCIO..1

CAPÍTULO I
COMUNICAÇÃO 5
1.1 Conceitos Introdutórios 5
1.2 Linguagem, Diálogo e Mediação.............................15

CAPÍTULO II
COMUNICAÇÃO, DIREITO HUMANO E O
SERVIÇO SOCIAL...24
2.1 Comunicação Popular e Comunitária 24
2.2 Comunicação e a relação com o Direito Humano..35

CAPÍTULO III
DO PROJETO ÉTICO-POLÍTICO PROFISSIONAL –
A COMUNICAÇÃO E A INSTRUMENTALIDADE
PRÁTICA DO/A ASSISTENTE SOCIAL 56
3.1 Do Projeto ético-político profissional e a
instrumentalidade da prática do/a assistente
social..56
3.2 A comunicação e a instrumentalidade –
Consolidação do projeto ético-político
profissional do/a assistente social 72

CONSIDERAÇÕES FINAIS...87
4. Um pouco pr'agora um pouco mais para depois ... 87

REFERÊNCIAS...92

PREFÁCIO

Tendo como instrumento básico de trabalho a linguagem, as atividades desse trabalhador especializado encontram-se intimamente associadas à sua formação teórico-metodológica, técnico-profissional e ético-política.

Iamamoto, 2009, p. 92

No âmbito do serviço social as contribuições quanto ao papel da comunicação no exercício profissional têm se estabelecido com sutilezas que indicam a comunicação como instrumento técnico-operativo ou se manifestado como um aparato de complementação metodológico de transmissão de informações.

Mas, para além de percepções isoladas que possam parecer distintas entre si, pensar a comunicação na prática profissional do/a assistente social requer reconhecer conceitos cuja natureza teórica emergem de outras disciplinas que não o serviço social.

Nas dimensões teórico-metodológica, ético-política e técnico-operativa de formação profissional do/a assistente social repousam as competências técnicas deste profissional no cotidiano da execução de suas ações e, portanto, de seu próprio trabalho; o que aponta para a capacidade de leitura e interpretação dos processos sociais.

O/A assistente social assume em sua prática cotidiana o compromisso com a materialização de uma profissão de caráter interventivo cuja proposta é responder às transmutações da sociedade a cada ciclo temporal histórico de maneira que a trilha de sua práxis represente relevante elemento constitutivo em um processo estratégico de fomento a uma sociedade autônoma.

Uma sociedade autônoma requer um aperfeiçoamento eficaz da capacidade de estabelecimento de relacionamentos interpessoais que transitam de forma não linear entre atos políticos e de construção social em que se concretiza a cognição fundamental de que os seres humanos se conectam nas relações de comunicação, seja através da fala, da escrita, de meios de comunicação, das mídias sociais, e até mesmo do silêncio e aparente inércia.

As relações profissionais se estabelecem, portanto, em uma comunicação eficaz nos espaços sócio-ocupacionais de apreensão conceitual da comunicação como espaço estratégico de ação, sendo tanto um direito como um ícone na disputa política por uma nova ordem societária.

No âmbito da atuação e efetivação do projeto ético-político profissional (PEP) do/a assistente social a comunicação ocupa a importância de política social transversal que representa determinados instrumentos de garantia de oportunidade com resultados manifestos no acesso equânime a benefícios e recursos conquistados pela sociedade em sua trajetória histórica.

Nesse sentido é que se considera pertinente e atual o estudo particular, específico e direcionado da comunicação na prática do/a assistente social buscando efetivamente configurar aferição no processo de importância prática e a relevância teórico-metodológica do serviço social.

O primeiro capítulo, após demonstrar resgate histórico da origem da comunicação e sua determinação conceitual adotada para a perspectiva de desenvolvimento teórico da proposta desta obra, expande na angulação dos conceitos complementares da linguagem, diálogo e da própria categoria de mediação.

Na sequência, conceituar comunicação popular e comunicação comunitária na perspectiva de sua diferenciação teórica de abordagem específica do alinhamento estabelecido nessa obra, constituirá a primeira parte do segundo capítulo que terá sua continuidade marcada pela tratativa da comunicação pública na lógica do direito humano.

Todo o percurso conceitual e teórico estruturado ao longo dos capítulos anteriores remete ao terceiro e último capítulo que trata da relação intrínseca da comunicação com o projeto ético-político profissional dos/as assistentes sociais sob a ótica da consolidação de um processo que exige na práxis cotidiana estabelecer características de caráter político e crítico, mas também emancipatório para transformação social e, consequente estabelecimento de uma nova ordem societária.

Na construção da práxis profissional do/a assistente social a percepção dialética das representações e das práticas sociais se baseia na categoria mediação. Esta categoria requer compreensão e conhecimento de conceituação específica de análise no método e na própria apreensão e assimilação desta pela categoria profissional.

A mediação está para uma categoria metodológica de capacidade de apreensão da realidade e de sua justa transformação, uma vez que em sua implementação se revelam as relações existentes no contraditório movimento da história. Refletir sobre a mediação no serviço social é considerar o plano reflexivo das ações profissionais objetivas embasadas em um arcabouço de conhecimentos científicos diversos.

Essa trajetória aponta os desafios postos para o trabalho do/a assistente social no tocante à participação na perspectiva da defesa dos interesses da classe subalternizada contextualizando teórica e historicamente a comunicação popular. Reflexão esta que tem início nas comunidades eclesiais de base (CEBs) no final da década de 1960 e se estende à década seguinte, no entanto, o alinhamento teórico aqui adotado representa o entendimento escolhido e não a única forma de apresentar definições ao conceito.

Nesse sentido, tanto meios e técnicas quanto processos de interação social e cultural articulados pelos próprios sujeitos em sociedade constituem a comunicação popular relacionando a comunicação com o caráter dialógico que se estabelece na direção de um contexto alternativo de definição de um projeto popular ou para o próprio povo.

Em Paulo Freire (1982) a formação de consciência crítica possibilita aos sujeitos tornarem-se protagonistas de história por um processo educativo que envolve compreensão crítica, leitura de mundo ou percepção da realidade o que implica percepção da relação entre texto e contexto.

Assim, um caminho para a transformação da sociedade em uma nova perspectiva de democratização da sociedade perpassa uma proposta de educação atrelada à vida no qual as relações de transformação se constituem nas relações dos sujeitos entre si e também com o seu entorno.

A comunicação no contexto da prática da liberdade está diretamente relacionada ao exercício de recuperar o direito a voz e ao poder de manifestar-se e ser ouvido na organização da comunicação comunitária embutindo princípios no método de promoção de informação e contribuição para a autoemancipação de cada sujeito por intermédio de ações coletivas e de mobilização.

Transitar pelas origens do termo comunicação e compreensões de sua interpretação é essencial para que o/a assistente social em sua atuação inter-relacione os elementos de que se constitui o modelo comunicacional da sociedade, considerando para tanto que é substancial na prática profissional a apresentação de novos mecanismos de mediações de conflitos.

CAPÍTULO I
COMUNICAÇÃO

1.1 CONCEITOS INTRODUTÓRIOS

O Serviço Social e, portanto, o/a assistente social está inteiramente imbricado no processo de construção da cidadania. Compete ao/a assistente social atuar sobre as expressões do conflito do capital e trabalho em especial a partir da influência da globalização.

No sentido de pensar a cidadania como um lugar subjetivo em que as pessoas têm a objetivação dos bens sociais e de suas potencialidades de participação na vida social, a prática do/a assistente social no contexto das desigualdades no campo social vislumbra desencadear um processo de deslocamento da condição de marginalização e exclusão social à posição de pleno exercício, político, econômico e social da vida.

Pensar a comunicação e a prática profissional do/a assistente social requer conceituar diversos termos que no contexto dessa reflexão formatam os ajustes à compreensão de que trata a proposta deste livro. Assim começaremos por identificar o próprio conceito de comunicação, haja vista que este originalmente aparece como componente da matriz curricular de formação em Serviço Social nas competências específicas de desenvolvimento de capacidades profissionais.

A gênese da compreensão da comunicação está no princípio do estabelecimento da comunicação como *locus* definido de formatação das relações e de desenvolvimento da sociedade.

Isso quer dizer que precisamos pensar a palavra comunicação e para isso vamos resgatar que sua origem epistemológica está no substantivo *communicattionem*, e sua raiz adjetiva está no termo *communis*, conceitos que traduzidos significam respectivamente "a ação de tornar comum" e "comum" que tem sentido na compreensão do que é pertencente a muitos ou a todos. Se observado o verbo comunicar, este tem sua origem no termo *comunicare* que quer dizer "tornar comum, fazer saber".

Perceba, os estudos sobre as origens do termo comunicação nos remete a compreensão de que se trata de um ato, de uma atividade essencial à vida em sociedade, seja como instrumento de instrução, seja como ferramenta de partilha, o desenvolvimento individual e coletivo das pessoas e, portanto, das sociedades têm seu interesse firmado na comunicação.

A comunicação está diretamente relacionada às ações de organização cujo objetivo está no desenvolvimento do fundamental ao complexo, veja, respirar pode ser um ato de comunicação de ação orgânica na medida em que durante um atendimento a determinada pessoa ritmo natural de respiração desta sofra alteração.

Para Bakhtin, autor cujas referências nos servirão de apoio teórico na compreensão conceitual desenvolvida aqui, a palavra é percebida como signo da comunicação e ainda, como fenômeno ideológico uma vez que a palavra é considerada o modo mais puro, quase que inerente às relações sociais.

A comunicação está presente no cotidiano, na dinâmica da vida e nas relações sociais desde antes mesmo do nascimento, mas expressamente percebido por todos no entorno a partir de então, quando a comunicação deixa de ser tão somente sensorial pela apropriação dos signos e suas reproduções.

Uma comprovação de que a comunicação está intrínseca à condição de pessoa, no caso dos seres humanos são as gravuras identificadas por profissionais das áreas de estudo em arqueologia e afins, nas paredes das rochas nas cavernas e grutas. Essa expressão registra a necessidade associada à transmissão das vivências, crenças, saberes e porque não dizer, perpetuação de legado existencial.

Seja por meio da escrita, da fala e tantas outras formas de se comunicar é um ato de pertencimento e representatividade a que as pessoas por processos de interação entre si, desenvolvem inter-relações. Não nos esqueçamos, tão somente, que o silêncio também comunica; mas sobre isso falaremos em breve, pois antes se faz preciso delimitarmos dos elementos fundamentais de todo ato de comunicação.

Veja a tabela a seguir:

EMISSOR	aquele que diz algo a alguém
RECEPTOR	aquele com quem o emissor se comunica
MENSAGEM	aquilo que foi transmitido entre os dialogadores
CÓDIGO	o pacto que permite aos interlocutores compreender a mensagem
CANAL	o meio que conduz objetivamente a mensagem
REFERENTE	o próprio assunto da mensagem

Fonte: Autoria própria.

É importante que o processo delimitado anteriormente esteja bem definido e compreendido para avançarmos.

Observe, a comunicação pode acontecer de modo a ser considerada bem sucedida se efetiva no fato de emissor e receptor compreenderem o que dizem entre si em um movimento no qual a mensagem transmitida era a mensagem que se pretendia transmitir.

Mas em justa medida, se a mensagem que se desejava transmitir difere da mensagem efetivamente recebida não houve êxito e essa lacuna de percepção e reconhecimento provoca ruídos ou falhas na comunicação que então está prejudicada e tem sua eficiência limitada.

À vista disso, a comunicação pode ser interpretada como a transferência de informações de um indivíduo a outro, ou de um grupo a outro por meio de modelos comunicacionais.

Preparamos um gráfico para resumir os principais modelos comunicacionais e suas características principais:

Comunicação Interpessoal	quando ocorre troca bidirecional entre duas ou mais pessoas.
Comunicação de um para muitos	cada individuo envia uma só mensagem a um grupo limitado.
Comunicação de Massa	Pelo uso de tecnologias de mediação uma única mensagem é direcionada a uma massa de pessoas.

Fonte: Autoria própria.

A percepção dos modelos comunicações não responde a um determinado local, mas se estabelece no dia a dia das pessoas desde o momento de seu nascimento até a vida adulta nas diversas dimensões de transição cotidiana – casa, escola, trabalho, vizinhança, entre outros. Isso quer dizer que existe um trânsito natural entre os modelos comunicacionais quando nas relações no dia a dia nos relacionamos com outras pessoas.

Aqui vamos retomar a questão do silêncio a fim de compreender que este não é sinônimo de inércia, pois calar-se diante de um fato ou atitude pode representar desconhecimento e não indiferença. Deste modo, embora conceitos não sinônimos, silêncio e inércia são manifestações complementares e significativas no ato da comunicação que requerem do receptor desta subjetiva mensagem habilidade para recebê-la e interpretá-la e, se for caso responder a ela. Como assistente social ter clareza deste fato é fundamental.

O que sabemos até aqui, é que tudo comunica algo de alguém para alguém. Mas a comunicação não se restringe a um canal de transmissão e recepção de mensagens, ela é também uma ciência. A partir de meados do século XX a comunicação, até então considera por nossos registros apenas do ponto de vista natural e inerente à condição de interação das pessoas ganha disputa como ciência nos corredores acadêmicos embora, desde a Grécia antiga os estudos da retórica já fossem incentivados e promovidos na intenção do desenvolvimento da habilidade de persuasão.

Veja nesta afirmativa o resgate do caráter ideológico que se associa à comunicação, em que o desejo ou intenções de um ou diversos se sobrepõe ao do outro ou dos demais de forma unilateral a medida que o convencimento de alguém que não tenha conhecimento a respeito do que se instrui pode resultar no convencimento deste por indução.

Não aprofundaremos neste momento o saber ideológico da comunicação e a importância da atuação do/a assistente social no exercício cotidiano de suas competências e atribuições técnicas, pois a seu tempo dedicaremos um capítulo específico a essa abordagem, mas o fato é que as habilidades e o posicionamento ético-político deste profissional o conduzirão em sua prática e se traduzirão aos sujeitos de sua ação também por meio de processos comunicacionais e, portanto, imbuídos de viés ideológico.

Assim, caracterizamos a comunicação como uma ferramenta complexa e não singular composta por instrumentos diversos que representam sua configuração de fato. Um exemplo desta afirmativa é o uso oral das palavras, neste caso tratamos da comunicação verbal pelo uso da linguagem verbal, onde a língua (idioma) é o código ou signo linguístico representando as ideias e, assim, o instrumento comunicacional.

O cenário que estamos construindo nos conduz a uma comunicação que trata do contexto da transmissão das informações e para fins do aproveitamento desse conceito para a profissão de assistente social vamos direcionar que não podemos informar como se fossemos meros comunicadores sem devidas considerações de interpretação de fatos e criticidade de análise, precisamos diuturnamente questionar os tipos de informação que veiculamos.

Mas consideremos também que todo sujeito carrega consigo conhecimentos específicos que apreendidos se tornaram novos saberes e isso representa uma realidade subjetiva de pensamentos, sentimentos, e de visão de mundo que se formatam a partir da recepção de informações cujas influências atendem ao objetivo do emissor.

Essa realidade reconhecidamente subjetiva do ser remete a uma significação de mundo externo a si, singularizando cada um dos indivíduos na formação da sociedade à medida que cada um constrói sua própria subjetividade. Apenas lembre que durante toda a vida cada pessoa no exercício natural de desenvolvimento das relações sociais constrói sua subjetividade e estabelece símbolos através da socialização em um processo dialético.

A convivência e o cotidiano do vivido determinam as subjetividades de que são formatas as pessoas no processo das relações sociais. Nesse vai e vem de informações, saberes, apreensões e devolutivas que ao longo do tempo e das múltiplas interações vão denotar a sociedade. Assim, afirmamos que a cidadania enquanto arcabouço de direitos sociais, civis e políticos se constroem não somente para a convivência em sociedade, mas na própria convivência.

Essa percepção considera as condições sócio-históricas que identificam os direitos como conquistas das pessoas, mas em uma sociedade de desiguais acessos em que diuturnamente é preciso o direto enfrentamento às múltiplas e complexas expressões da questão social o que prevalece é um campo de antagonismos em que a informação e o conhecimento de revela em garantia e efetivação no âmbito dos direitos.

A comunicação como espaço de formatação das relações e de desenvolvimento da sociedade na contemporaneidade introduz novos sentidos e usos sociais para o desenvolvimento do poder político subsidiário da cidadania sob a qual se pauta a proposta de toda e qualquer transformação ou reconstrução de uma sociedade.

E então mais uma vez identificamos a importância do reconhecimento da comunicação para a atuação do/a assistente social. Somos profissionais comprometidos com um projeto ético-político que por definição intenta o estabelecimento de uma nova ordem societária cuja pauta se estabelece em uma sociedade democrática na qual seja possível o exercício concreto da cidadania.

Será preciso resgatar esse conceito mais a frente, pois ainda há características e percepções a respeito da comunicação que precisamos elucidar, como o fato de que na configuração de novos modelos de sociedade a comunicação ocupa um papel estratégico de aliança de desenvolvimento e modernização.

Na sociedade atual, segundo as determinações dos processos de globalização e mundialização comunicacional o que encontramos é uma forte estrutura de articulação das mídias de comunicação com a rede de difusão de mídias pessoais unificando os estágios de uso e manipulação da interatividade que as mídias da atualidade permitem.

As mídias, que também podem ser identificadas como meios de comunicação são diferentes no mundo atual do que já representaram em tempos anteriores. Se informações de guerra eram transportadas por homens em cavalos por dias para serem entregues a seu destino na intenção de desenvolvimento de estratégias e quem sabe de revoltas nos resultados do momento, hoje os sistemas de correio servem ao mercado de consumo de produtos quase que exclusivamente.

A interação social feita nas janelas das casas e nas calçadas dos bairros foram reconfiguradas e redefinidas pelas mídias disponíveis e utilizadas no mundo atualmente. Assim, o entendimento a respeito das tecnologias e novas tecnologias em comunicação que têm caráter facilitador em comunicação são indispensáveis ao/à assistente social.

Nas últimas décadas os avanços tecnológicos possibilitaram que a comunicação esteja cada vez mais rápida e porque não afirmar que também esta mais eficaz. Hoje podemos nos conectar através dos mares com apenas um pequeno aparelho de *smartphone* e acesso à internet.

Da criação do telegrafo no século XVIII, à revolucionária da criação da televisão e rádio no século XIX foram diversas as evoluções técnico-científicas ocorridas, mas ainda antes de avançarmos faço questão de destacar que o desenvolvimento tecnológico não está relacionado apenas a itens eletrônicos, há tecnologia nos processos de desenvolvimento em geral, desde a produção de uma caneta ou uma folha de papel até a nanotecnologia. Teorias, tentativas e acertos diversos envolvem a criação de ferramentas e tecnologias diversas, mas também as associadas à comunicação.

A expressão "o advento da internet" amplamente difundida e reconhecida quando se fala da evolução tecnológica pode transmitir a falsa ideia de que a internet "apareceu" em uma manhã de segunda qualquer para revolucionar a sociedade, os meios de comunicação, e a vida das pessoas. Veja bem, não há nenhum milagre sendo revelado aqui. Precisamos compreender que o desencadear de diversos processos de evolução tecnológica promoveram, e seguem promovendo o desenvolvimento das mídias de comunicação e a partir de então outras transformações são igualmente estimuladas.

Vamos visualizar esse processo a fim de ratificar o alinhamento conceitual adotado.

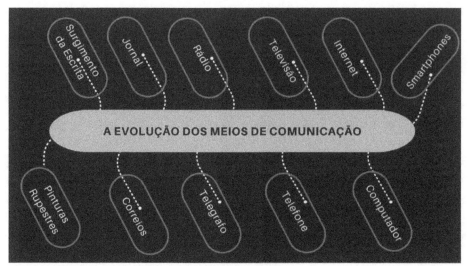

Fonte: Autoria própria.

A evolução dos meios de comunicação advêm da pré-história 40000 a.C. onde estão os registros das pinturas rupestres, em seguida aproximadamente 3000 a.C. surge na Mesopotâmia a escrita. Observe na imagem que os correios vêm logo após o surgimento da escrita, pois, os achados históricos datam de aproximadamente 2400 a.C. no Egito antigo. Essa trajetória ainda revela do período de 50 a.C. durante o Império Romano a presença da comunicação por jornais.

Aqui saltamos ao século XVIII, com a criação dos telégrafos em 1790, seguidos do século XIX com a evolução do rádio (1860) e telefone (1870), rompendo o século XX com a chegada da televisão (1920), do computador (1940) e, finalmente a internet (1960). Os *smartphones*, alinhados ao fim da imagem representam a partir da década de 1990 a consagração da evolução dos meios de comunicação embora permaneça longe de representar o fim de um processo que, conforme já demonstrado podemos afirmar que é contínuo e talvez imensurável.

Enfim, chegamos ao século XXI, e segundo Lewgoy (2004) a sociedade atual está na era digital, na qual a internet é considerada uma nova tecnologia de inteligência que permite o aumento da capacidade humana de aprender e compreender já que esta possibilita uma interação rápida cuja conexão das pessoas ultrapassa o lugar físico de interatividade em tempo real, rompendo com o pensamento linear e instituindo uma lógica de construção a partir da qual se articulam várias habilidades de forma simultânea.

As novas interações se articulam em novas formas de comunicação em novas ideias que manifestam a evolução humana pela transmissão de técnicas fundamentais a princípio, oral e escrita e atualmente tecnológica e midiática incluindo a estas tanto uma dimensão intangível quanto uma dimensão mensurável.

A dicotomia da revolução tecnológica produz um novo ambiente econômico, social, político e cultural que se determina no surgimento de uma sociedade global de informações. Um sistema comunicacional de suposta universalização de acessos e apreensões.

Tanto a vida pessoal quanto à vida social das pessoas é impactada pelo que se denomina revolução tecnológica à medida da sua presença cada vez mais constante no cotidiano das pessoas. No entanto, embora a comunicação cibernética e sua capacidade de conectar polos terrestres opostos presumam inclusão e acesso, essa é uma retórica indevida.

Sabemos que as tecnologias a informação e comunicação, diretamente relacionadas ao sistema comunicacional de que tratamos não têm seus múltiplos instrumentos efetivamente disponíveis e, portanto, essa mesma revolução tecnológica de superação das fronteiras geográficas e arquitetônicas passa a condicionar outras barreiras no acesso à informação, a serviços e, claro, a direitos diversos que passam a ser disponibilizados quase que exclusivamente no formato midiático.

Para que as pessoas tenham acesso a todas as mídias possíveis além de conhecimento sobre estas precisam possuir acesso aos instrumentos através dos quais as relações tecnológicas se estabelecem, aparelhos eletrônicos, pacotes de dados, conexões de dados entre outros, e, nem sempre estes itens podem ser adquiridos.

Por certo que a evolução dos meios de comunicação representa resultado positivo à evolução social, porém devido aos aspectos próprios a uma sociedade de classes em que imperam desigualdades sociais passa a lacuna de distanciamento a ser fomentada à medida que o princípio de uma comunicação bem sucedida requer a transmissão e recepção de uma mensagem conforme o objetivo desta, sem acesso ao canal para este diálogo ficam os sujeitos desprovidos de ser e estar nessa sociedade.

Nisto impera que, a interação das pessoas pelos processos comunicativos tecnológicos produz novas subjetividades que se materializam objetivamente nas relações interpessoais humanas tanto no espaço virtual quanto no espaço real, mas também que, a não interação com essas tecnologias resulta na exclusão das pessoas e a alienação destas dos espaços e, portanto, da própria sociedade.

As contribuições teóricas de Lévy (1993) apontam no mesmo sentido do que afirmamos que para se pensar sobre as tecnologias da informação na comunicação é preciso dar ênfase às relações humanas, a interação das pessoas e, portanto, ao projeto de sociedade que se objetiva construir e desenvolver invés de enfatizar o objeto tecnológico – o computador, o *smartphone* e outros.

É um fato que a tecnologia proporciona agilidade à comunicação e à própria interação entre as pessoas, porém, também se apresenta como instrumento de exclusão de parcela da população que não tem acesso ao objeto ou domínio de conhecimento tecnológico.

Posto está o paradoxo da sociedade da informação de que trata Santos (1998) em que quanto mais se ampliam as fronteiras da informação potencialmente disponível, mais excludente é a informação efetivamente disponibilizada às pessoas em uma sociedade em que o ativo exercício da cidadania está diretamente relacionado à informação que o sustenta.

Tratar da comunicação e a prática profissional do/a assistente social é observar que todas as ações deste/a profissional se escondem à sombra da comunicação como direito e, portanto, um espaço estratégico de ação e de luta política na intenção de desvelar a realidade às pessoas.

A comunicação é tanto um ato moral quanto um ato político, é um ato de relacionamento interpessoal e ainda um ato de construção social e, nesse sentido a coexistência humana pelas relações interpessoais se fundamenta no caminho da comunicação.

O que apresentamos aqui é a complementaridade entre os conceitos comunicação e interação. As pessoas se comunicam e também interagem entre si num movimento que promove mútua compreensão e cujo resultado obtido é a efetiva comunicação e a inferência desta sobre o comportamento do outro a partir de um processo comunicativo determinando a interação.

Aqui estabelecemos o pressuposto de que não há comunicação neutra e o alinhamos à dimensão ético-política da formação do/a assistente social que tem sua consciência regida por critérios específicos de compromisso com as classes subalternizadas na direção critica ao conservadorismo e à ruptura com equívocos de interpretação que possam prejudicar sua intervenção.

Isto posto, considere que a transição dialética da comunicação à interação é que resulta em mudança e transformação, logo aí está o mote da atuação técnica do/a assistente social no cotidiano da práxis profissional. Práxis essa que será abordada adiante, ficando para este momento a necessidade de assimilação do fato que as significações, ou seja, os signos utilizados para e na comunicação têm representatividade objetiva de consolidação subjetiva e resultado objetivo. Os signos são alegorias ideológicas do ponto de vista em que são determinações específicas de representação.

Vamos considerar a mídia nacional. Esta tem estrutura restrita a poucas famílias proprietárias dos veículos de comunicação em que pese o fato de possuírem mesma propriedade televisiva e jornais, por exemplo. Essa realidade promove a concentração financeira? Sim. Mas, principalmente garante e fortalece o direcionamento dos conteúdos de forma específica e na mesma medida propagam os princípios alinhados a perpetuação do modo de produção capitalista e do ideal neoliberal.

Novamente se excluí da comunicação o caráter de neutralidade. Perceba, a atuação profissional do/a assistente social vem de encontro a essa realidade imbuída de se concretizar na intervenção técnica que, diante das diversas expressões da questão social tem na comunicação o lugar propício e estratégico para formar opiniões.

Neste contexto o/a assistente social apropriando-se não só das novas tecnologias em comunicação disponíveis, mas da própria comunicação, se utiliza destas como instrumento de inclusão potencializando a articulação aos objetivos que se constituem estrategicamente em efetivação do projeto ético-político profissional.

Se como visto até aqui, a comunicação é imprescindível para toda e qualquer sociedade, ao evidenciarmos a atuação do/a assistente social fica definido que não há práxis profissional sem comunicação e que a comunicação está para a prática profissional do/a assistente social como *sine qua non*[1].

1.2 LINGUAGEM, DIÁLOGO E MEDIAÇÃO

Examinado o conceito de comunicação e explorado o percurso de sua gênese até a comunicação como um espaço de formação das relações e de desenvolvimento da sociedade, vamos agora ao reconhecimento teórico conceitual dos instrumentos que configuram a comunicação para conhecer suas aplicabilidades na prática profissional do/a assistente social.

As categorias de que trataremos são igualmente complementares entre si no que diz respeito o tema do nosso livro, afinal não é possível falar em comunicação sem um tipo de instrumento que nos sirva como condutor das informações ou da mensagem a ser transitada.

O que precisamos a princípio é compreender que existem categorias de reconhecimento conceitual quanto os instrumentos que constituem a comunicação. A linguagem, o diálogo e a mediação são categorias de efetivação através das quais as pessoas se comunicam.

Vejamos. A linguagem é o instrumento representativo da comunicação, um sistema que reúne um conjunto de signos convencionais utilizado pelas pessoas para transmitirem suas ideias e sentimentos.

---

1   HOUAISS, Antônio; VILLAR, Mauro de Salles; FRANCO, Francisco Manoel de Mello. Dicionário Houaiss da língua portuguesa. In: *Dicionário Houaiss da língua portuguesa*. 2001. p. lxxiii, 2922-lxxiii, 2922.

Ao estabelecermos as relações sociais inerentes à vida em sociedade convencionamos os signos que utilizaremos para nos fazer entender e entender ao outro e ainda, determinamos as formas como as próximas gerações o farão.

No contexto da realidade social as determinações exigidas a cada situação vão apontar se a linguagem a ser utilizada deve ser formal ou pode ser informal. Idealize uma reunião de trabalho, uma apresentação de trabalho acadêmico ou uma entrevista de emprego, estas são situações em que o uso de uma linguagem culta ou formal é a mais indicada por se tratar de uma condição que exige certo padrão de conduta e apresentação.

Agora, imagine um churrasco de família, um *happy hour* com colegas de trabalho ou um jantar com a família em uma noite de terça-feira, nestes contextos a intimidade é que rege a determinação da linguagem que evidentemente pode recorrer a expressões coloquiais ou até mesmo ao uso de gírias populares.

Então, conforme o local e ocasião há uma linguagem apropriada a ser adotada e aplicada, mas é claro que, não há uma dicotomia existencial à aplicação da linguagem formal e informal, o que há, é o desejo pela efetivação da função a que a linguagem é aplicada durante o processo comunicacional.

A compreensão da linguagem vai além da estrutura formal ou estrutura coloquial, é preciso fazer saber que existem funções para a linguagem que podem ser: função referencial, conativa, emotiva, metalinguística, poética e fática.

Essas funções serão expressas através de três tipos de linguagens, a linguagem verbal, a não verbal e a mista. Sua manifestação pode ser por meio da escrita, dos sons, do uso de tecnologias e recursos audiovisuais ou ainda multimidiáticos. Cada um destes apresenta a linguagem a partir de características muito específicas como é o caso da linguagem audiovisual que podemos exemplificar na figura do cinema e televisão e, a linguagem multimidiática que consiste no uso simultâneo de diversas linguagens como é o caso da internet.

Antes de seguirmos é importante lembrar que linguagem verbal não é o mesmo que língua, a língua é o idioma e este é um código, um signo que tem na palavra seu principal elemento. Em outras palavras, a língua é um tipo de linguagem e a linguagem é qualquer forma utilizada para representar um pensamento ou emoção. Veja bem, uma língua pode ser expressa a partir de diferentes linguagens, visto que existem tipos diferentes de linguagens, conforme classificação já mencionada.

A linguagem verbal é composta pelas palavras, sejam faladas ou escritas. No cotidiano da vida social as pessoas costumam utilizar muito mais a linguagem verbal para se comunicar, um exemplo de comunicação por linguagem verbal falada é um diálogo entre duas pessoas – pessoalmente, por videochamada, ligação telefônica, ou troca de áudios. Já a comunicação por linguagem verbal escrita tem neste – e qualquer outro livro seu exemplo materializado.

A linguagem não verbal exclui de sua manifestação as palavras e se apropria de recursos visuais na transmissão da mensagem. É evidente que algumas manifestações de linguagem não verbal podem ser involuntárias como é o caso de manter as pernas balançando durante uma longa permanência em sala de pré-atendimento. Essa linguagem corporal manifesta comunica aos demais, emoções como inquietude, ansiedade, chateação.

Observe uma curiosidade que compete esclarecer. Ao falarmos na linguagem não verbal talvez tenha suscitado à memória a LIBRAS (Língua Brasileira de Sinais), no entanto, embora tenha sua estrutura pautada em gestos denominados sinais a LIBRAS não se enquadra na linguagem não verbal, como se possa equivocadamente pensar, pois conforme o artigo 1º da lei 10.436 de 24 de Abril de 2012 ela é reconhecida como meio de comunicação e expressão em que o sistema linguístico tem natureza visual-motora e estrutura gramatical própria. Recorde que já vimos que a língua é um código de transmissão de ideias e fatos e não uma linguagem.

A estrutura de sinalização e regulação do trânsito no Brasil está baseada na linguagem não verbal, cujos signos possuem convenções bem assimiladas pelas pessoas, sejam habilitadas à condução de veículos automotores ou somente pedestres. Observe as imagens:

Fonte: Foto de Athena: https://www.pexels.com/pt-br/foto/foto-de-sinalizacao-rodoviaria-2994331/. Acesso em 15 de Ago. de 2022.

Fonte: Foto de Vinta Supply Co. | NYC: https://www.pexels.com/pt-br/foto/pessoa-carregando-sacola-andando-na-faixa-de-pedestres-842963/. Acesso em 15 de Ago. de 2022.

Certamente ambas as sinalizações demonstradas nas imagens foram identificadas, a placa em formato de losango com fundo amarelo e flecha curva à direita alerta e informa para a mudança de direção na via e todos sabemos disso embora não esteja escrito, assim como as faixas retangulares pintadas em branco fluorescente sobre a malha asfáltica nos informe sobre o local adequado à travessia de pedestres de um lado a outro da via. Aqui está posta e revelada uma convenção de signo de linguagem não verbal.

Temos ainda que visitar o conceito da linguagem mista, embora admita que a este ponto seja evidente que esta linguagem trata do uso simultâneo das linguagens verbal e não verbal e, por óbvio o exemplo a ser deixado é o das histórias em quadrinhos ou também conhecidos como gibis.

Fonte: Foto de Erik Mclean: https://www.pexels.com/pt-br/foto/colorida-cheio-de--cor-ilustracao-desenho-7809122/. Acesso em 15 de Ago. de 2022.

Segundo Roman Jackobson, aclamado linguista russo raramente encontraremos mensagens verbais que apresentem uma única função de linguagem. Embora seja preciso destacar que uma sempre será preponderante em detrimento a outra quando utilizadas em conjunto.

Ao refletir sobre a prática profissional do/a assistente social precisamos dominar a compreensão das sutilezas conceituais que subsidiarão as ações técnicas nos atendimentos prestados, seja no formato de entrevistas, visitas domiciliares, contatos telefônicos, elaboração de relatórios ou outros.

Destacamos que Iamamoto (2009) pauta a linguagem como instrumento básico de trabalho do/a assistente social em seu cotidiano profissional. Nesse sentido, a linguagem se reveste de ferramenta de interlocução do/a assistente social com a pessoa a quem este direciona sua ação.

Antes de introduzirmos ao conceito de diálogo vamos ainda dar importância a linguagem corporal que compõe a linguagem não verbal e que representa uma forma de comunicação por vezes desconsiderada pelos profissionais de um modo geral. No entanto, diante da competência técnica do/a assistente social em realizar leitura de realidade no sentido das reflexões do cotidiano a linguagem corporal ganha destaque dentre as formas de comunicação a serem muito observadas.

Em sala de atendimento particularizado, durante a realização de uma oficina temática ou um grupo de acompanhamento, em um atendimento domiciliar, no uso destes instrumentais técnico-operativos de atuação do/a assistente social é preciso para além de olhar, de fato observar as posturas, as expressões gestuais, pois estas podem transmitir sentimentos e comunicar inclusive se o que se estabelece é uma distância ou uma vinculação entre as partes. Perceba, o processo de emancipação dos sujeitos depende da habilidade destes em desenvolver autonomias e o/a assistente social é o profissional cuja atuação viabiliza o acesso às informações que promovem desenvolvimento de autonomia e consequente emancipação, porém se a comunicação entre o profissional e o sujeito alvo de sua atuação não for bem sucedida se frustra esse processo.

Podemos então dizer que no uso das linguagens o/a assistente social atribuirá à estas em especial a função referencial embora a função conativa possa também adjetivar a aplicação das linguagens em nosso cotidiano profissional.

Veja bem, a função referencial é a que pretende trazer informação de modo objetivo, transmitindo conhecimento, mas também esclarecimento ao receptor da mensagem. Já a função conativa tem intenção no processo de convencimento sobre algo a ponto de o receptor assimilar e adotar mudança de comportamento.

Como promover este processo então se não pelo uso dos instrumentos e técnicas próprias da atuação do/a assistente social, mas com clareza de que estes instrumentos estão paralelos ao instrumento da linguagem na construção de um processo comunicacional cujo principal representante é o diálogo.

Este conceito claramente requer de nossa dedicação. Sendo assim, considere que a origem epistemológica do termo diálogo advém da Grécia antiga e é compreendido de prefixo "di" que quer dizer "por intermédio de" e "logos" que significa palavra, assim a interpretação do termo diálogo adotada é "por intermédio da palavra".

Da origem conceitual podemos afirmar que o diálogo bem sucedido é aquele em que há compreensão recíproca, ou seja, é aquele que se traduz em instrumento da comunicação e permite que esta seja eficiente. Para clarificar vale a pena exemplificar que ao adotar a ferramenta da entrevista social para um atendimento o/a assistente social deve estabelecer o uso do diálogo como instrumento de interlocução com o sujeito de sua atenção na intenção de estabelecer uma comunicação efetiva e identificar as necessidades sobre as quais se concentrará.

Entretanto, há um desafio posto que é: as pessoas envolvidas no diálogo precisam se dispor a falar e escutar, a transitar nas posições de emissor e receptor das mensagens. Nos casos em que isso não acontece o que temos é o monólogo ou até mesmo o discurso e não há interação.

Façamos menção a Paulo Freire (2005) que afirma que a essência da subjetividade humana está no diálogo e que este é racional, mas não se configura em produto histórico, pois é a própria historicização à medida que não pode acontecer sem o verbo, ou seja, a palavra. O diálogo é o campo de confronto dos valores sociais contraditórios e por isso é o principal instrumento de interação social do/a assistente social.

O objetivo do diálogo na prática profissional do/a assistente social está em estabelecer um relacionamento profissional de postura atenta e compreensiva pelo viés do direito que lhe permita uma intervenção direta cujas significações refletirão as transformações almejadas pelas partes.

O/A assistente social tem na mediação a convicção do papel transformador deste método em que o profissional para além de conhecer os processos históricos que desvelam a realidade social do sujeito objeto direto de sua atuação também atuar com criticidade.

A categoria mediação encontra no debate sobre a comunicação e a prática do/a assistente social lugar de centralidade. Entenda que compreender e interpretar a realidade na qual atua mantendo um processo continuamente dinâmico de reflexão pode ser um desafio intransponível distante das categorias dialéticas sob as quais se imprime a prática profissional do/a assistente social.

As categorias são para Marx (1992) determinações de existência, ou seja, elas são dinâmicas e dialéticas à medida que se constituem a partir do contexto de movimento das relações sociais, que são antagônicas e contraditórias e, a partir da compreensão do fenômeno concreto.

No que diz respeito a mediação, cabe destacar que ela se contextualiza a partir da ontologia do ser social e que é formada por duas dimensões: a que pertence ao real e portanto, diz respeito a ontologia presente me qualquer realidade dissociada do conhecimento do sujeito e, aquela que é elaborada pela razão, que em busca da essência rompe com a imediaticidade e constrói intelectualmente mediações capazes de promover transformações.

A mediação é a própria ontologia do ser social, pois em justa medida é esta categoria que sustenta a perspectiva da relação do sujeito com seu entorno, ela é o campo sobre o qual se estrutura sobre determinações sócio-históricas o lugar de intervenção profissional do/a assistente social.

Mesmo tendo como eixo central a comunicação, não há como prosseguirmos sem antes dedicar maiores esclarecimentos quanto a presença da mediação como parte na consolidação de nossa proposta.

Pois bem, é necessário resgatar de outros conhecimentos que a mediação é composta pelos elementos da singularidade, particularidade e universalidade. Embora pareça contraditório, é justamente o equilíbrio justaposto entre o fato (singularidade), as leis tendenciais históricas (universalidade) e a mediação do universal com o singular (particularidade).

Não há lógica em se construir qualquer que seja o debate em torno da categoria mediação se o fizermos distante do método dialético, assim sendo iniciamos por resgatar a concepção dialética da totalidade em que esta é da perspectiva lucaksiana um complexo constituído de complexos subordinados. Para nos apropriarmos do modo de ser destes complexos precisamos realizar sucessivas aproximações.

Esta lógica revela um processo de conhecimento que parte do abstrato para o concreto e necessariamente obedece a esse movimento de aproximação dialética no reconhecimento da singularidade em conformidade com as múltiplas relações com a particularidade e universalidade. Em outras palavras, cada ser social é singular, e a realidade e essência deste só pode ser compreendida quando as mediações relativas à particularidade e universalidade que em primeiro momento estão ocultas, sejam desveladas.

É a categoria de mediação que instrumentaliza metodologicamente o/a assistente social, porém é preciso ainda seu alinhamento conceitual aos instrumentos da linguagem e diálogo no sentido de fomento à comunicação na prática profissional subsidiarão o desenvolvimento de ações de empoderamento político e social.

Não poderíamos deixar de afirmar que a intenção deste subtítulo é subsidiar a delimitação de embasamento teórico e referencial conceitual que serve ao debate sobre a presença e importância da comunicação na prática profissional do/a assistente social.

Isso quer dizer que outros aprofundamentos conceituais na área exclusiva da comunicação não são objeto desta obra e, portanto, podem aparecer de forma pontual e até superficial, o que é preciso consentir é que o embasamento apontado associado às apreensões das dimensões formativas do Serviço Social são suficientes a definir qual o viés de compreensão da comunicação adotado para evolução dos temas aqui propostos.

CAPÍTULO II
COMUNICAÇÃO, DIREITO HUMANO E O SERVIÇO SOCIAL

2.1 COMUNICAÇÃO POPULAR E COMUNITÁRIA

Uma vez perpetrados os caminhos para conceituarmos o espaço da comunicação e seu lugar de objetividade no desenvolvimento da cidadania e, ainda de localizarmos a comunicação para o serviço social e consequentemente para a prática profissional do/a assistente social, vamos agora alinhar nossos conhecimentos ao aprofundamento de concepções que nos aproxime do Serviço Social e a práxis do profissional desta formação.

Desse aspecto vamos contextualizar os movimentos sociais como o lócus dos processos de reelaborações contemporâneas de uma prática alternativa às formas de comunicação das populações e/ou sujeitos subalternizados.

Em especial não intentamos nesta obra esgotar considerações sobre a comunicação popular e comunitária, ou tecer conclusão impar de alinhamento conceitual quanto o alinhamento dos movimentos sociais na atualidade, antes, isto posto cabe dizer que diversos são os alinhamentos que afunilarão o campo de nossas considerações, em pese o fato de que, por exemplo, o solo de nossa explanação é o da realidade nacional brasileira.

Pensar o próprio desenvolvimento da sociedade tem por princípio focal a comunicação, como vimos até aqui e não poderíamos deixar de memorar, no entanto, diz respeito não só aos processos individuais, mas coletivos de crescimento integral na perspectiva dinâmica de transformações das consideradas condições de opressões sociais.

Podemos afirmar em uma imatura tentativa de resumir que as bases do desenvolvimento que marcam a história nacional do século XX em diante é fundamentalmente desenvolvimentista, cujo marco introdutório está no governo de Juscelino Kubitschek (a partir de 1955), sendo fortemente impulsionado nas décadas de 1964 em diante com o regime militar. A difusão da modernização impulsionava e difundia o desenvolvimento das sociedades subdesenvolvidas por parâmetros de estímulos pela difusão de inovações tecnológicas e de capital.

Importante destacar que não intentamos esgotar a compreensão do desenvolvimento socioeconômico nacional nas páginas que endossamos, no entanto, não poderíamos deixar de destacar que de acordo com os teóricos que nos conduzem os estudos, o subdesenvolvimento é criação do desenvolvimento uma vez que, a base da teoria da dependência está para o contexto das contradições impostas aos países empobrecidos do então chamado Terceiro Mundo.

Nesse alinhamento há uma função à modernização no capitalismo contemporâneo preconizada na comunicação em que para além de ideais de progresso e consumismo segundo Peruzzo (2014, p. 14) "aponta para o surgimento de novas orientações teóricas que concebem uma comunicação para a ampliação da cidadania e da transformação social".

O modelo de desenvolvimento que concebemos aqui, cujo ecoar era o da promessa de progresso não só econômico e político, mas também social e cultural e foi igualmente responsável por evidenciar contradições e ainda evidenciaram a comunicação ou os meios de comunicação como difusores das ideias favoráveis ao progresso.

Como disse Peruzzo (2014, p. 166),

> essa concepção de desenvolvimento influenciou as políticas públicas no mundo e, particularmente, na América Latina, ganhou a denominação de modernização. Ela norteou as relações entre países ricos do ocidente e pobres ao redor do mundo com base na premissa de que havia a necessidade de se modernizar – industrializar – as sociedades, tidas como atrasadas, seguindo o modelo de industrialização das nações autorreferenciadas como desenvolvidas, lideradas pelos Estados Unidos. Para tanto, baseou-se na difusão de inovações tecnológicas, produtos e da cultura sociopolítica. O pressuposto era que as nações, então tidas como "subdesenvolvidas", teriam que fazer o mesmo caminho dos países ricos para alcançarem o desenvolvimento. Tal cenário não levava em conta

as culturas e demais especificidades das condições locais. De fato, o que importava era ampliar o mercado para a expansão do capitalismo monopolista por meio da "transferência" de tecnologias, produtos e serviços.

Essa concepção de desenvolvimento se consolida no Brasil a partir de 1960 por forte investimento na infraestrutura das comunicações e telecomunicações cujos benefícios principais sobrepujaram sobre as empresas midiáticas que difundiam as mensagens modernizadoras. Esse modelo atendeu desde a segunda metade do século XX até a atualidade aos interesses do capital – seja nacional ou internacional sob o sentido da expansão econômica.

É inegável a necessidade de afirmar que há certa modernização, porém, também é igualmente certo que a elevação da pobreza das classes subalternizadas se consolida predominantemente durante o processo aqui desvelado.

A teoria da dependência de Paul Barán[2] (1964) denota que o principal impedimento ao desenvolvimento não é a ausência ou insuficiência do capital, mas ao contrário, o desenvolvimento do centro não somente determinará como perpetuará o subdesenvolvimento da periferia. Segundo autores da área de economia tanto desenvolvimento quanto subdesenvolvimento é como dois lados de uma mesma moeda; é um único processo que está difundido à forma de tecnologia moderna.

Assentamos sob a perspectiva da teoria da dependência o paradigma da compreensão da realidade de inspiração das lutas sociais e políticas capazes de autodeterminar os aspectos políticos, econômicos, e culturais de uma nação, não diferente, portanto, do Brasil.

No contexto da formatação e afirmação do capitalismo como um sistema mundial a constituição das forças contraditórias e, consequentes lutas políticas e sociais por independência, outras formas e manifestações de desenvolvimento surgem como propostas a um desenvolvimento alternativo cuja ideia central é a participação.

O constructo do desenvolvimento participativo é o desenvolvimento endógeno, autônomo e harmônico que não é universal, mas integral, multidimensional e dialético que diverge entre as sociedades, pois parte de princípios paradigmáticos. Tais princípios pretendem satisfazer as ne-

---

2   Baran, P. A economia política do desenvolvimento. 2. ed. Rio de Janeiro: Zahar, 1964.

cessidades humanas, sejam estas materiais ou imateriais, estabelecendo os valores e visão de futuro que implicam o investimento das capacidades dos indivíduos no uso racional dos recursos de forma consciente e potencial de modo a favorecer processos de mudanças estruturais nas relações sociais, econômicas e estruturais.

As mudanças estruturais requerem tempo e, assim sendo, o desenvolvimento participativo se caracteriza como uma estratégia de longo prazo com bases complexas de construção conjunta dos sujeitos em um processo de auto-organização em prol de estratégias de resolutividade coletiva à superação dos antagonismos existentes.

A participação comunitária, ou seja, dos cidadãos é tanto fundamental quanto básica para o desenvolvimento das sociedades, haja vista que estes é que ocupam o lugar de condição efetiva à intervenção na realidade como protagonistas das iniciativas para melhores condições de vida a partir de um contexto comunicacional que lhes facilite tais iniciativas.

Assim é preciso que pensemos a comunicação em duas principais vias, para a difusão de um ideal impositivo ou para um desenvolvimento participativo em que de qualquer modo a comunicação tem o viés do desenvolvimento como seu principal papel.

A comunicação pode ser concebida como um modelo de transferência de informação cujo efeito sob os receptores pode ser linear no sentido de um instrumento contextual paradigmático da modernização. Neste ponto, os meios de comunicação como a televisão, têm a função de divulgar novos padrões de comportamento massivo que estimulam a mudança e modernização.

Nos anos de 1980 a incorporação de uma percepção da comunicação participativa, como uma comunicação para a cidadania cujo objetivo estava alicerçado na transformação social tornou-a uma abordagem à comunicação popular e/ou comunitária ou também denominada comunicação alternativa que, invariavelmente se desenvolvia e, porque não afirmar, se desenvolve na contra mão do interesse do grande capital.

Interesses políticos e representações ideológicas dos grandes grupos político-partidários e econômicos caracterizam os meios de comunicação privados e/ou públicos da comunicação de massas apontando para as organizações da sociedade civil e movimentos populares sociais as demandas de transformações estruturais, uma vez que salvo guardadas as devidas proporções de excepcionalidade, estas possuem interpretações desfavoráveis enquanto tipologia midiática.

Considerando que, as relações sociais são configurações de complexos históricos das classes, seja das perspectivas políticas, seja das ideológicas, de um modo geral a comunicação sob o prisma participativo harmoniza com os princípios do desenvolvimento humano e local.

Essa concepção evidencia a transformação das estruturas de poder pela ênfase na dialogicidade revelada no senso da igualdade, do diálogo, da liberdade e da participação, perspectiva a que alinharemos o direcionamento crítico-transformador construído pelo próprio cidadão na constituição da sociedade em que os meios de comunicação estão para os processos de implementação da cidadania e constitutivos da sociedade.

Que não incorra seu pensamento com estas afirmativas ao equívoco de restringir a comunicação à mera facilitadora nos processos de individuais e/ou coletivos de transformação social. Antes, o desenvolvimento da democracia e da participação implica a partilha do conhecimento, da informação conforme as oportunidades de expressão e participação ativa dos sujeitos.

O fazer comunicacional explicita a importância e poder decisório da participação pelo fator facilitador, de potencial mediador, mobilizador e, ainda articulador que demonstra diversas e distintas visões de mundo, inter-relacionadas no campo da educação e comunicação.

A comunicação popular, comunitária e/ou alternativa desponta a partir dos anos 1990 de forma inovadora e paradigmática visto que representa em sua experiência mais avançada a superação do senso de direito à informação ao exercício do direito à comunicação e à liberdade de expressão. Em outras palavras, podemos afirmar que ela centraliza o direito ao poder de se comunicar, na posição de protagonista pelo uso de canais tecnológicos de efetiva repercussão.

A expressão comunicação popular tem em sua estrutura o adjetivo popular que deriva do substantivo povo, enquanto a expressão comunicação comunitária se vincula aos conceitos de comunidade. Ambos os termos complexos e dinâmicos que enfatizam a ideia de unidade e organicidade de coesão social que transcendem bases de vizinhança, laços sanguíneos ou especificidades geográficas, pois vislumbram sintonia de interesses coletivos.

Reserva-se à comunicação popular e/ou comunitária a exigência dos vínculos identitários que se estabelecem por relações horizontalizadas entre os emissores e receptores das informações cujo objetivo é o fortalecimento social e empoderamento progressivo com vistas à ampliação da cidadania.

A comunicação está para um processo de organização das porções subalternizadas em prol de melhorias nas condições de vida e existência, na luta pelo respeito e garantia de direitos e, não menos importante por poder inferir sobre as políticas públicas cujos interesses atingem a maioria embora intentem inferir que respondem à atenção das ditas minorias.

Nesse aspecto a comunicação assume alinhamento com a noção de desenvolvimento humano visto que está relacionada à liberdade na capacidade de comunicar-se e interagir não somente no âmbito das relações interpessoais, mas também grupais.

Destacamos que, embora comumente a comunicação seja vista como meio a transmissão de informações para persuasão, manipulação e doutrinamento o direcionamento que adotamos para fins deste estudo e para pensar à prática profissional do/a assistente social estrutura a comunicação à função subjetiva de endosso ao desenvolvimento.

É preciso entrelaçar a comunicação ao desenvolvimento integral dos sujeitos e da sociedade ao se tratar de processos que, de acordo com as condições culturais de dada realidade se apropria dos meios de comunicação ao pertencimento e formatação caracterizando-se pela participação popular.

Não seria estranho se durante essa leitura você tenha memorado conhecimentos associados à disciplina de fundamentos históricos teóricos e metodológicos do Serviço Social em especial quando menciona as CEBs – comunidades eclesiais de base, e as pastorais vinculadas à Igreja Católica; que atuaram à luz da teoria da libertação, ou outras organizações sociais do terceiro setor.

No contexto das lutas sociais processos de caráter emancipatório de autodeterminações forjam uma comunicação que desencadeia a necessidade de informar, sensibilizar, mas também de mobilizar o outro para uma causa comum, com base em interesses públicos e de atenção à maioria.

Introduzidos os aspectos até aqui apontados não poderíamos deixar de memorar que a comunicação popular está também associada às mobilizações populares cujas manifestações objetivam a promoção e conscientização – como destacado logo acima a menção às CEBs.

Os movimentos populares estão diretamente relacionados à ampliação da cidadania pelo exercício da participação política em sociedade em que as pessoas de forma individual ou em coletivos de segmentos excluídos da população – aqui também chamadas minorias buscam satisfazer suas necessidades pelo acesso às condições de consumo para promover o desenvolvimento dos sujeitos.

Na dinâmica organizacional de mobilização social o objeto é a proposta de transformação social na construção de uma sociedade mais igualitária e equitativa com a garantia do protagonismo dos sujeitos no processo de participação efetiva das pessoas – cidadãos comuns, nesta organização. Nesta ordem dentre as mais importantes características da comunicação está para sua possibilidade de pôr a serviço dos interesses populares os próprios meios de comunicação.

Distante da intenção de se tornar a principal via de comunicação, mas atingindo níveis expressivos de representatividade e importância, a comunicação popular tem se destacado por seu papel de democratização da informação e, portanto, da própria cidadania, visto que amplia os canais de informação e propicia processos educativos que envolvem: conteúdos, envolvimento pessoal dos sujeitos e mobilização popular.

Se nas décadas de 1970 a 1980 a comunicação popular se estabelecia sob a proposta da conscientização política com vistas à transformação da sociedade capitalista, as últimas décadas do século XXI revelam que aquelas premissas se mantém ativas apesar de ser a conjuntura atual diversa e carente da assimilação de novas temáticas em especial pela assimilação de uma participação plural e aparentemente sem fronteiras.

Mas, seja nos primórdios dos processos desencadeados da mobilização popular e desenvolvimento da comunicação popular, seja na contemporaneidade há sob esta alternativa comunicacional um papel complementar ao desempenhado pela mídia tradicional.

O cenário nacional revela que a democracia no Brasil se fortalece progressivamente à medida das contradições resultantes da globalização e modernização dos processos que coadunam com uma diligência que emana na sociedade civil em contribuir para ampliar direitos de cidadania, o que se verifica no número de organizações da sociedade civil. Esta afirmativa revela que as questões de cidadania envolvem contribuições e representações diversas no interesse pela transformação social em especial em nível nacional quando considerados para além dos fatores revelados também os contrastes objetivos e subjetivos que formatam o país. As contradições são inerentes à vida, logo às sociedades e, desta forma o lócus comum, ou o espaço do comunitário, do coletivo tão somente revela o reflexo da realidade maior.

Neste cenário, até os anos 1990 a comunicação popular era vista como um instrumento de mobilização da necessidade de expressão dos movimentos sociais, cujo conceito até os dias atuais apresenta inúmeras discussões inclusive sobre modelos teóricos de compreensão.

À luz do serviço social e do projeto ético-político profissional do/a assistente social é preciso compreender que todo o conteúdo apresentado nesta obra deve coerência ética, política e teórica ao que acreditamos quanto ao processo de mobilização em uma sociedade democrática.

Mais que meios e técnicas comunicacionais, a comunicação popular diz respeito aos processos de interação cultural e social articulados pela própria sociedade, que também é responsável por definir os sentidos sociais de formatação das redes populares que, podem inclusive dissociar as próprias classes sociais.

Uma perspectiva interessante é que revela Beltrán (1981) que indica duas formas de definição à comunicação, a vertical e a horizontal. A primeira, diretamente relacionada aos meios de comunicação de massa, intencionalmente e via de regra aliançados às forças conservadoras sob interesse mercantil e, consequentemente, não democrática; e, a segunda, diretamente relacionada à interação das pessoas entre si, o que estabelece a comunicação entre os sujeitos que, revela um modelo de comunicação democrático.

Os processos de desenvolvimento da própria trajetória histórica tem alterado o caráter das comunicações populares de sentido combativo de contestação política e ideológica às experiências mais plurais que dialogam com uma linguagem lúdica que, inclusive, se apropria de novas tecnologias da informação e comunicação na direção do acesso à comunicação como um direito humano real e plural.

Dissemos aqui, parágrafos atrás e, entendemos por bem retomar que a concepção da comunicação popular trata de uma comunicação de caráter dialógico que confere a presença de interlocutores com igual oportunidade de expressão, um sistema que prevê mecanismos que permitam à base determinar com independência os conteúdos recebidos, mas também emitir mensagens autônomas.

Eis uma nova concepção da comunicação participativa, associativa e educativa sob a organização popular de contribuição para democratização tanto da comunicação quanto do próprio conjunto das relações sociais. Vejamos, trata-se de democratização da comunicação então, entender a comunicação popular em seu caráter educativo de perspectiva social e política.

O alcance de uma sociedade mais justa está diretamente relacionado a um contexto alternativo de enfrentamento ao projeto de dominação vigente e, é neste ponto que a comunicação popular se apresenta e materializa abrindo espaço para a realização de um projeto de pertencimento e realização reflexivo e participativo.

No cotidiano da práxis profissional o/a assistente social deve incentivar a articulação da população, estabelecer uma interface com a comunicação no seu cotidiano, compreendendo a relação técnica com os meios de comunicação e eu papel ético-político com vistas a uma ação política no sentido da superação necessária, que segundo Iamamoto (2010, p. 28).

> [...] nesta tensão entre a produção da desigualdade e produção da rebeldia e da resistência, que trabalham os assistentes sociais, situados neste terreno movidos por interesses sociais distintos, [...]

Alinhamos as reflexões sobre a comunicação no exercício profissional do/a assistente social como um constante e inerente desafio de interfaces entre diversas áreas de relação dialética com a dinâmica cotidiana da vida econômica, política e social não só do país, mas do contexto mundial.

Embora afirmemos que se fortalece a democracia no Brasil, esta ainda se configura sob uma perspectiva de entendimento frágil de um exercício passivo de instituições políticas que se relacionam com o povo em um modelo patrimonialista, burocrático e populista.

Outro fator importante na formatação das percepções da comunicação popular é a participação, que além de ser mencionada, carece de maior aprofundamento teórico. Esta implica refletir sobre as relações entre os pares que contribuam para com o meio em que estão inseridos.

A participação pode ser compreendida como fazer parte, tomar parte e até como partilhar do poder e do direito a intervir seja na formulação ou nas decisões políticas que dirigem a vida em sociedade. Dessa forma para que haja participação é preciso oportunidade e condição compatíveis para que as pessoas atuem nas decisões que as afetam. Esse processo requer percorrer um percurso que vai da problematização do fato à conscientização da realidade a ser transformada.

Compreender a participação empreende entender a vida em sociedade e a subjetividade das pessoas como intrínseca a condição humana para além da racionalidade pela vinculação em torno de algo comum como o acesso a um benefício ou a um direito.

O interessante é constituir a percepção de que a participação é, na verdade, a partilha do poder no reconhecimento do direito de intervir de modo permanente nas decisões da dimensão política – que diz respeito aos negócios públicos e à cidadania; tendo sobre os individuo impetrado autoridade pelo coletivo deste ajuntamento.

A participação de que tratamos para a compreensão da comunicação popular se identifica tanto pela dimensão política quanto pela dimensão educativo-pedagógica. A primeira articula o constructo dos desejos coletivos, a outra constrói argumentos a partir das experienciações e assim, na mediação de ambas é possível o efetivo exercício da cidadania. Criar e realizar intervenções sociais de âmbito público sob protagonismo das pessoas, como sujeitos de suas decisões e, portanto, de suas realidades dá sentido à participação.

Reflita: você consegue memorar uma situação em que tenha precisado se manifestar a respeito de algo? Recorda de alguma oportunidade em que tenha expressado opinião em que seu interesse também era o interesse de uma coletividade? Como foram estas experiências?

Estas questões norteiam como percebemos nossa participação na sociedade, seja para questões consideradas banais da dimensão familiar, seja para aquelas às quais damos demasiada importância como pode ser a dimensão social de luta e defesa de direitos do espaço dos conselhos municipais.

Chamo a atenção às percepções pessoais, pois antes de profissional, o/a assistente social é também pessoa, sujeito e cidadão na sociedade e não deve dissociar-se dessa percepção como se houvesse real dicotomia nessa formatação, a fim de estar ciente de que a participação não é a outro se não antes for para si um sentido de significado objetivo na busca por uma ordem social de essência distinta da vigente.

Salvo guardadas as proporções da viabilidade socioeconômica possível o que temos são mecanismos de participação e representação que possibilitam ao cidadão em conjunto com a administração pública inferir nas decisões que envolvem os sujeitos efetivando o exercício da cidadania e criando possibilidades reais de intervenção na sociedade.

No sentido de localizar os espaços de participação o desafio de enfrentamento ao legado das duas décadas de ditadura civil-militar vivenciados no Brasil não pode ser desconsiderado, pois, requer fortalecer o entendimento e, consequentemente a compreensão do lugar do exercício da cidadania enquanto poder transformador para evidenciar os mecanismos de participação possíveis.

Isso nos carece refletir sobre a liberdade, seu peso e responsabilidade, e muitos pensadores, ilustres catedráticos poderiam ser nominados aqui para nos conduzir neste saber – e, claro, ainda o serão; mas veja faremos uso da expressão do cantor, compositor, produtor e multi-instrumentista Renato Manfredini Júnior, artisticamente conhecido por Renato Russo, que em sua canção L'Avventura (1996) afirma

> [...] quem pensa por si mesmo é livre e ser livre é coisa muito séria. Não se pode fechar os olhos não se pode olhar pra trás sem se aprender alguma coisa pro futuro. [...]

Aqui a liberdade ocupa uma posição central em nosso debate, uma vez que temos estabelecido a sua relação com a liberdade à expressão. Deste modo o direito à comunicação é também o direito à liberdade de informação e de expressão e isso precisa ficar claro e definido para o estabelecimento das relações cotidianas da práxis profissional do/a assistente social.

O que se vê é uma intrínseca dinâmica de resistência e luta no campo da conquista dos direitos, impulsionando as pessoas ao longo da história da própria humanidade no desenvolvimento da consciência do direito de ter direitos. Trata-se de um contexto histórico que envolve os direitos sociais e as especificações que dizem respeito às diferenças para o avanço da sociedade que se materializam principalmente através de movimentos sociais.

A comunicação popular evidencia uma forma de expressão dos segmentos minoritários – conceito ao qual dedicaremos reflexão em seu tempo – cuja mobilização vislumbra estabelecer justiça social pela lógica da inversão da dominação.

Há visibilidade nos processos de comunicação popular e comunitária em especial quando dos desafios associados à apropriação dos instrumentos de comunicação direcionada, como jornais, cartazes e/ou panfletos e, quando do empoderamento social das tecnologias de comunicação como os blogs, *podcasts* e outras redes.

Isto posto, aqui está o desafio, a promoção do avanço no empoderamento qualitativo em torno das novas tecnologias da comunicação uma vez que as demais modalidades comunicativas permanecem ativas.

Eis aqui o protagonismo do povo na expressão da luta popular por um espaço de participação democrática manifesta por um mecanismo político de exteriorização de sua concepção de mundo e sociedade. Um compromisso com vistas ao desencadear de um processo de construção de uma sociedade mais igualitária e socialmente justa.

A comunicação comunitária exerce papel de importância específica na promoção do acesso e participação de todos na sociedade da informação, pois aborda diretamente o fortalecimento do domínio público ao conhecimento e à informação necessários ao desenvolvimento humano, e, portanto, centrado nos interesses do cidadão.

Discutir o aqui referido protagonismo e compromisso requer também entender quais aspectos contextuais históricos em torno da liberdade e dos direitos objetivos dos indivíduos foram e são determinantes para que os movimentos de mobilização popular os tornem em experiências de mediação favoráveis à construção da cidadania.

2.2 COMUNICAÇÃO E A RELAÇÃO COM O DIREITO HUMANO

Considerando o tema de nosso capítulo é importante também mencionarmos que o próprio ordenamento jurídico em suas prerrogativas dimensiona o direito à comunicação como o acesso ao poder de comunicar-se.

O ato de comunicar-se prevê necessariamente um receptor, um transmissor, uma informação (ou mais), no entanto, a comunicação diz respeito não somente ao acesso da pessoa à informação como receptor, mas ao direito assegurado de fato de acesso na condição de emissor, difusor e produtor de conteúdos por parte dos cidadãos de modo geral. Nisto consiste a democratização da comunicação.

Osvaldo Leon (2002, p. 3) diz,

> Direito à comunicação se apresenta agora como aspiração que se inscreve no dever histórico que começou com o reconhecimento de direitos aos proprietários dos meios de informação, logo aos que trabalham sob relações de dependência com eles, e, finalmente, a todas as pessoas, que a Declaração dos Direitos Humanos (...) consignou como direito à informação e à liberdade de expressão e de opinião. (...) Esta é a parte de uma concepção mais global (...) que incorpora de maneira peculiar os novos direitos relacionados com as mudanças de cenário da comunicação e um enfoque mais interativo da comunicação, no qual os atores sociais são sujeitos da produção informativa e não simplesmente receptores passivos de informação.

Do sentido do ordenamento jurídico, a Declaração Universal dos Direitos Humanos (1948), a Convenção Americana de Direitos Humanos (1969) e a própria Constituição Federal (1988) expressão opinião em que asseguram à pessoa, ou indivíduo o direito à liberdade de opinião, pensamento, por meio de expressão ou comunicação por este escolhido.

O que afirmamos é que, na sociedade contemporânea – não que nos tempos passados não o fosse – o poder está para a informação, assim, na sociedade da informação o que detém o poder da constituição do pensamento crítico-reflexivo, este tem também sob seu domínio a regulação.

Na perspectiva da comunicação popular, as afirmativas acima nos remetem ao poder inalienável de os sujeitos formularem e emitirem juízos próprios a despeito de assuntos privados ou públicos; podendo para exteriorizar suas ideias utilizar-se de quaisquer meios.

Partimos do pressuposto que está nítido e claro que o direito à comunicação é posto e regulamentado, o que não poderíamos deixar de destacar, no entanto, é que não há notoriedade ao tema que possui invisibilidade pública ou real engajamento popular.

Entre as principais características dos movimentos de mobilização e participação popular estão: a opção política por dispor os meios de comunicação a serviço dos interesses da população e a transmissão de conteúdos cujas fontes de informação estão submersas à intenção da transformação social.

Seria, portanto, a comunicação popular um instrumento de mobilização na proposta de construção de uma sociedade mais justa, com a ativa participação do cidadão comum no papel de protagonista do processo de exercício do direito à cidadania?

Podemos afirmar que sim. À medida que também afirmamos quão árdua é a mobilização em defesa do direito à comunicação quando relacionada a outros direitos humanos, uma vez que é vista como incipiente embora, esteja diretamente relacionada ao fortalecimento da cidadania tanto ou mais que esteja vinculada ao espaço da própria mídia.

Há uma lógica estabelecida quanto o direito a comunicação dado o contexto dos direitos na perspectiva da cidadania de que trata muito mais a disciplina do direito que a do serviço social, no entanto, nossa intenção é justamente nos apropriar dos saberes que são necessários à prática cotidiana profissional do/a assistente social como a que circunscreve a um direito civil de cidadania assegurar a liberdade de expressão, opinião e crenças aos cidadãos movendo-se da noção de direito individual ao direito coletivo.

O exercício da liberdade em nível individual ou coletivo se torna campo histórico das lutas pela conquista dos direitos sociais e políticos assim como pelo acesso aos meios de comunicação como um direito em exercer a própria liberdade de expressão.

Veja a liberdade, a transformação social, a comunicação, são conceitos que nos remetem a expressões dos direitos dos homens – ser genérico. Não raro é que estes direitos sejam considerados sinônimos dos direitos fundamentais, no entanto, compete observarmos que os direitos dos homens são aqueles que dizem respeito aos válidos a todos os povos a qualquer tempo enquanto os direitos fundamentais estão restritos às garantias jurídicos institucionais em determinado tempo e espaço. São, portanto, complementares, mas não sinônimos.

Assim, da ótica histórica os direitos humanos estão relacionados a busca por uma ordem pautada nos valores como a igualdade, a justiça a equidade e, a participação dos diferentes sujeitos sociais nas diversas esferas de poder, seja na vida privada ou na vida pública; decorrendo em lutas por distintas manifestações das quais decorreram transformações diversas na sociedade até os dias atuais.

Nessa ordem o destaque nas lutas pelos direitos humanos está para as Revoluções Inglesa e Francesa e ainda a independência dos Estados Unidos, verdadeiros marcos da insurgência da modernidade.

Em ordem cronológica ter-se-á primeiramente a declaração de direitos inglesa de 1689, em seguida a declaração de direitos do estado da Virgínia, de 1776, e depois o marco fundacional do que se entende como a base dos direitos humanos atuais: a declaração dos direitos do homem e do cidadão francesa de 1789, influência das demais iluministas, que vieram a operar profundas transformações no seio da sociedade ocidental que repercutiram em todo o mundo influenciando processos revolucionários como a inconfidência mineira que ocorreu no período colonial brasileiro, criando as bases para a futura independência do Brasil, pois foi considerado o primeiro movimento de cunho separatista em relação à metrópole. Ressalta-se que embora no passado o indivíduo fosse considerado sujeito de direito e obrigações internacionais apenas em raras situações específicas, atualmente, o reconhecimento dos direitos internacionais do ser humano já não se pode ser contestado.

A afirmação em torno da ideia dos direitos da pessoa humana passa a ganhar respeito e valor à medida do desenvolvimento histórico e do estabelecimento do contrato social como uma maneira de garantir tanto igualdade quanto liberdade pela efetiva soberania popular, onde a liberdade individual vislumbra o bem comum.

O que de importante se faz necessário assimilar é que a concepção do individualismo na sociedade se vincula a doutrina dos direitos humanos e do contratualismo à proporção de que primeiro há o individuo e seus interesses e necessidades e somente depois vem a sociedade e não o inverso.

Já afirma Bobbio (2004, p. 11)

> O pressuposto filosófico do Estado liberal, entendido como Estado limitado em contraposição ao Estado absoluto, é a doutrina dos direitos do homem elaborada pela escola do direito natural (ou jusnaturalismo): doutrina segundo a qual o homem, todos os homens, indiscriminadamente, têm por natureza e, portanto, independente de sua própria vontade, e menos ainda da vontade de alguns poucos ou de apenas um, certos direitos fundamentais como o direito à vida, à liberdade, à segurança, à felicidade – direitos esses que o Estado, o mais concretamente aqueles que num determinado momento histórico detêm o poder legítimo de exercer à força para obter a obediência a seus comandos devem respeitar, e portanto não invadir, e, ao mesmo tempo proteger contra toda possível invasão por parte dos outros.

Ou seja, na modernidade o marco para a origem dos direitos humanos é a universalidade do seu caráter, sem negar a luta por direitos sociais dentro de uma perspectiva coletiva, dedicando às camadas populares quando mobilizadas em detrimento de interesses alinhados a força da concretude dos direitos humanos.

Cada época e período histórico de fato demonstra sua essência em desenvolver na história das sociedades as aquisições de sua racionalidade sobre a objetivação da liberdade como capacidade humana declarada quanto à igualdade e equidade imprescindíveis à constituição não só do conceito, mas da própria cidadania enquanto estado de proteção.

A igualdade de direitos se torna fundamental para o estatuto da cidadania, baseada no encontradiço da natureza humana que determina a liberdade como peça imperativa na proteção contra arbitrariedades de ordem política ou individual ao indivíduo ou seu patrimônio.

Quanto isto, podemos revisitar os ditos de Marx (2010, p. 44),

> Falta considerar ainda os outros direitos humanos. A palavra *egalité* tem aqui significado político e nada mais é do que a igualdade da liberdade tal como acima definida: todo homem é igualmente considerado tal como uma mônada fundada sobre si mesma [...] e a segurança? A segurança é o mais elevado conceito social da sociedade burguesa, o conceito de polícia, segundo o qual toda a sociedade somente existe para garantir a cada um de seus membros à conservação de sua pessoa, de seus direitos e de sua propriedade.

É uma construção rumo à ampliação dos direitos humanos para além dos limites da burguesia liberal em que se equipare a igualdade civil à igualdade política e, consequentemente à igualdade social que caminha a mobilização popular no sentido das lutas e forças de empenho que visam – se não a extinção – a minimização das desigualdades sociais demonstradas e constituídas ao longo da história da humanidade. A trajetória histórica da cidadania perpassa os direitos de liberdade para os direitos políticos e sociais.

Nisto consiste afirmar que estão em evidência os direitos dos grupos humanos e não apenas os direitos dos indivíduos; são os direitos coletivos, de uma nação e seu povo, de uma comunidade ou de uma "minoria" discriminada.

O processo em torno dos direitos a partir do século XX, pelos quais se organizam os mais distintos movimentos sociais lutam pelas mais diversas reivindicações, no entanto, a bandeira dessa luta se torna singular quando o cerne da questão está de fato no direito à diferença e ao tratamento singular dos variados segmentos sociais em pauta.

Seria de certo modo negligente avançarmos o assunto sem dedicarmos alguns parágrafos ao tema das minorias, haja vista que está também esse conceito no objeto das mobilizações populares e, portanto, também da própria comunicação popular.

Assim sendo, o termo minoria na sociologia e nas ciências sociais faz referência aos grupos sociais que historicamente foram e estão excluídos do processo de garantia dos direitos básicos. São grupos que no geral constituem um grande contingente de pessoas, normalmente representando maioria quantitativa absoluta de pessoas.

Os padrões estabelecidos pelas sociedades capitalistas contemporâneas categorizam o que é padrão, normatizando comportamentos e vendendo padrões de vida que se tornam impositivos ao coletivo, mas, objetivamente inatingíveis por todos, criando e mantendo as contradições em promoção das desigualdades. Está assim formatado um cenário de padrões normativos de manutenção da hegemonia das classes dominantes.

Na relação com a prática profissional do/a assistente social e, logo na objetivação para com o cotidiano destes/as profissionais não rara é a percepção de que a minoria de que tratamos diz respeito a populações de baixa renda, no entanto, as minorias nacionais, as minorias étnicas e minorias sociais de modo geral estão para o sentido da exclusão de que se aproxima o objeto da atuação técnica do/a assistente social.

Há uma desvantagem social estabelecida pelas relações de dominação na sociedade que promovem comportamentos discriminatórios e preconceituosos que afetam a determinados grupos de pessoas que por definição são então determinados como minorias.

Vale mencionar que não há consenso absoluto no que diz respeito ao conceito de minorias, mas que o alinhamento escolhido nesta obra está determinado nos conteúdos explícitos pela autora.

A lógica invertida demonstrada na compreensão do tema das minorias é que na luta contra a exclusão e em favor da distribuição equitativa do poder entre as pessoas na constituição da sociedade emana a participação dos sujeitos nos movimentos sociais nas mobilizações populares.

Em se tratando da comunicação popular, é imprescindível perceber que os conceitos de direitos, direitos humanos, democracia e minorias estão sinergicamente capilarizados.

Democracia no âmbito do poder de comunicar é uma condição no desencadear dos processos de ampliação da cidadania, é também uma rota para o efetivo exercício desta em sua dimensão cultural; consequentemente consiste em entrançar as dimensões política e econômica à luta pela democratização da própria cidadania.

Os meios de comunicação comunitários têm em si potencial de contribuição para a construção da cidadania, pois oferecem em seu processo conteúdos de conhecimento que visam esclarecer sobre as relações sociais, as estruturas de poder e direitos da pessoa humana, ou direitos humanos.

Que fique claro que a expressão "direitos humanos" não trata de um conceito de perspectiva de uma invenção, mas de um reconhecimento de que apesar das diversidades, há aspectos básicos da vida humana cujo garantia e respeito têm de ser efetivados. Entendamos que, o fato de terem os direitos humanos essa prerrogativa não há equivalência prática de sua aplicabilidade e deste fato então surgem às mobilizações.

Esta contradição expressa a necessidade de reivindicações de acesso ao direito que não está apenas para uma condição de carência ou de ausência de condições materiais, mas para a condição de direito social ou direito de cidadania que está para todo e qualquer pessoa, ou cidadão.

Este conceito também precisa ser explorado, uma vez que, se tomarmos, por exemplo, a história da Declaração Universal dos Direitos Humanos como sendo este o documento histórico de afirmação no âmbito das seguranças dos direitos básicos da humanidade encontramos diversas incoerências.

Estamos no século XVI e é redigido o primeiro texto em declaração aos direitos humanos e o fato é que enquanto ele assegura igualdade, liberdade e fraternidade, a escravidão não somente existe como é regulamentada e que mulheres não possuem direitos civis. É preciso avançar mais dois séculos na história para que o texto da carta magna publicado em 1948 aplique a todos e todas direitos preconizados como básicos.

Com isso não buscamos afirmar que há efetividade em garantia de direitos humanos apenas pela promulgação da carta magna, buscamos apenas demonstrar fatos a serem refletidos no que diz respeito as elaborações e garantias que por ela preconizadas desencadearam outras prescrições relativas aos direitos básicos dos cidadãos.

Do sentido trazido à tona nesta reflexão o cidadão é toda pessoa que tem direitos civis e sociais, que participa nas decisões e destinos da sociedade na qual está inserida e a que pertence, é tanto exercer dever quanto usufruir direitos políticos. Ser cidadão é exercer cidadania, logo, é representar a expressão concreta de exercício da democracia.

Embora existam diferentes tipos de democracia, e diversas interpretações filosóficas do conceito, vamos nos atentar às principais características das democracias modernas, em que fatores como a soberania do povo, a representatividade, a separação dos poderes, os direitos individuais e o voto para a eleição de representantes são peculiaridades presentes.

Nos rumos da interpretação do cenário nacional, solo no qual se estabelece a intenção de atuação técnica do/a assistente social a quem primeiro se destina este livro e os debates propostos, é importante considerarmos a trajetória da nossa democracia.

Com o advento da independência o governo monárquico adota elementos da democracia em sua organização e, outorga em 1824 a primeira Constituição com elementos que se assemelham a uma democracia representativa.

O primeiro golpe militar no Brasil, datado de 1889 a 1894 marca a ditadura de Deodoro da Fonseca e Floriano Peixoto e, a plena desconsideração dos direcionamentos constitucionais que chegaram inclusive ao fechamento do Congresso. A partir de 1894, com a chegada dos presidentes civis o caminho rumo à democracia volta ser trilhado, no entanto, esse trilhar não é linear, desde então se intercalam experiências que transitam entre, golpes, ditaduras e governos republicanos democráticos, no qual o Brasil escala um processo de redemocratização firmado somente nos anos finais da década de 1980 com a promulgação da Constituição Federal de 1988.

Observe as referências dos textos constitucionais nos quadros a seguir:

Constituição Política do Império do Brazil de 25 de Março de 1824

[...] TITULO 2º

Dos Cidadãos Brazileiros.

Art. 6. São Cidadãos Brazileiros

I. Os que no Brazil tiverem nascido, quer sejam ingenuos, ou libertos, ainda que o pai seja estrangeiro, uma vez que este não resida por serviço de sua Nação.

II. Os filhos de pai Brazileiro, e Os illegitimos de mãi Brazileira, nascidos em paiz estrangeiro, que vierem estabelecer domicilio no Imperio.

III. Os filhos de pai Brazileiro, que estivesse em paiz estrangeiro em sorviço do Imperio, embora elles não venham estabelecer domicilio no Brazil.

IV. Todos os nascidos em Portugal, e suas Possessões, que sendo já residentes no Brazil na época, em que se proclamou a Independencia nas Provincias, onde habitavam, adheriram á esta expressa, ou tacitamente pela continuação da sua residencia.

V. Os estrangeiros naturalisados, qualquer que seja a sua Religião. A Lei determinará as qualidades precisas, para se obter Carta de naturalisação.

Art. 7. Perde os Direitos de Cidadão Brazileiro

I. O que se nataralisar em paiz estrangeiro.

II. O que sem licença do Imperador aceitar Emprego, Pensão, ou Condecoração de qualquer Governo Estrangeiro.

III. O que for banido por Sentença.

Art. 8. Suspende-so o exercicio dos Direitos Politicos

I. Por incapacidade physica, ou moral.

II. Por Sentença condemnatoria a prisão, ou degredo, emquanto durarem os seus effeitos.

Constituição da República dos Estados Unidos do Brasil de 24 de Fevereiro de 1891

[...] TÍTULO IV
Dos Cidadãos Brasileiros

SEÇÃO I
Das Qualidades do Cidadão Brasileiro
Art. 69 – São cidadãos brasileiros:

1°) os nascidos no Brasil, ainda que de pai estrangeiro, não, residindo este a serviço de sua nação;

2°) os filhos de pai brasileiro e os ilegítimos de mãe brasileira, nascidos em país estrangeiro, se estabelecerem domicílio na República;

3°) os filhos de pai brasileiro, que estiver em outro país ao serviço da República, embora nela não venham domiciliar-se;

4°) os estrangeiros, que achando-se no Brasil aos 15 de novembro de 1889, não declararem, dentro em seis meses depois de entrar em vigor a Constituição, o ânimo de conservar a nacionalidade de origem;

5°) os estrangeiros que possuírem bens imóveis no Brasil e forem casados com brasileiros ou tiverem filhos brasileiros contanto que residam no Brasil, salvo se manifestarem a intenção de não mudar de nacionalidade;

6°) os estrangeiros por outro modo naturalizados.

(...) Art. 71 – Os direitos de cidadão brasileiro só se suspendem ou perdem nos casos aqui particularizados.

§ 1° – Suspendem-se:

a) por incapacidade física ou moral;

b) por condenação criminal, enquanto durarem os seus efeitos.

§ 2° – Perdem-se:

a) por naturalização em pais estrangeiro;

b) por aceitação de emprego ou pensão de Governo estrangeiro, sem licença do Poder Executivo federal.

§ 3° – Uma lei federal determinará as condições de reaquisição dos direitos de cidadão brasileiro.

Constituição da República dos Estados Unidos do Brasil de 16 de Julho de 1934

CAPÍTULO II

Dos Direitos e das Garantias Individuais

Art. 113 - A Constituição assegura a brasileiros e a estrangeiros residentes no País a inviolabilidade dos direitos concernentes à liberdade, à subsistência, à segurança individual e à propriedade, nos termos seguintes:

1) Todos são iguais perante a lei. Não haverá privilégios, nem distinções, por motivo de nascimento, sexo, raça, profissões próprias ou dos pais, classe social, riqueza, crenças religiosas ou ideias políticas.

2) Ninguém será obrigado a fazer, ou deixar de fazer alguma coisa, senão em virtude de lei.

3) A lei não prejudicará o direito adquirido, o ato jurídico perfeito e a coisa julgada.

4) Por motivo de convicções filosófica, políticas ou religiosas, ninguém será privado de qualquer dos seus direitos, salvo o caso do art. 111, letra b.

5) É inviolável a liberdade de consciência e de crença e garantido o livre exercício dos cultos religiosos, desde que não contravenham à ordem pública e aos bons costume. As associações religiosas adquirem personalidade jurídica nos termos da lei civil.

6) Sempre que solicitada, será permitida a assistência religiosa nas expedições militares, nos hospitais, nas penitenciárias e em outros estabelecimentos oficiais, sem ônus para os cofres públicos, nem constrangimento ou coação dos assistidos. Nas expedições militares a assistência religiosa só poderá ser exercida por sacerdotes brasileiros natos.

7) Os cemitérios terão caráter secular e serão administrados pela autoridade municipal, sendo livre a todos os cultos religiosos a prática dos respectivos ritos em relação aos seus crentes. As associações religiosas poderão manter cemitérios particulares, sujeitos, porém, à fiscalização das autoridades competentes. É lhes proibida a recusa de sepultura onde não houver cemitério secular.

8) É inviolável o sigilo da correspondência.

9) Em qualquer assunto é livre a manifestação do pensamento, sem dependência de censura, salvo quanto a espetáculos e diversões públicas, respondendo cada um pelos abusos que cometer, nos casos e pela forma que a lei determinar. Não é permitido anonimato. É segurado o direito de resposta. A publicação de livros e periódicos independe de licença do Poder Público. Não será, porém, tolerada propaganda, de guerra ou de processos violentos, para subverter a ordem política ou social.

10) É permitido a quem quer que seja representar, mediante petição, aos Poderes Públicos, denunciar abusos das autoridades e promover-lhes a responsabilidade.

11) A todos é lícito se reunirem sem armas, não podendo intervir a autoridade senão para assegurar ou restabelecer a ordem pública. Com este fim, poderá designar o local onde a reunião se deva realizar, contanto que isso não o impossibilite ou frustre.

12) É garantida a liberdade de associação para fins lícitos, nenhuma associação será compulsoriamente dissolvida senão por sentença judiciária.

13) É livre o exercício de qualquer profissão, observadas as condições de capacidade técnica e outras que a lei estabelecer, ditadas pelo interesse público.

14) Em tempo de paz, salvas as exigências de passaporte quanto à entrada de estrangeiros, e as restrições da lei, qualquer pessoa pode entrar no território nacional, nele fixar residência ou dele sair.

15) A União poderá expulsar do território nacional os estrangeiros perigosos à ordem pública ou nocivos aos interesses do País.

16) A casa é o asilo inviolável do indivíduo. Nela ninguém poderá penetrar, de noite, sem consentimento do morador, senão para acudir a vítimas de crimes ou desastres, nem de dia, senão nos casos e pela forma prescritos na lei.

17) É garantido o direito de propriedade, que não poderá ser exercido contra o interesse social ou coletivo, na forma que a lei determinar. A desapropriação por necessidade ou utilidade pública far-se-á nos termos da lei, mediante prévia e justa indenização. Em caso de perigo iminente, como guerra ou comoção intestina, poderão as autoridades competentes usar da propriedade particular até onde o bem público o exija, ressalvado o direito à indenização ulterior.

18) Os inventos industriais pertencerão aos seus autores, aos quais a lei garantirá privilégio temporário ou concederá justo prêmio, quando a sua vulgarização convenha à coletividade.

19) É assegurada a propriedade das marcas de indústria e comércio e a exclusividade do uso do nome comercial.

20) Aos autores de obras literárias, artísticas e científicas é assegurado o direito exclusivo de produzi-Ias. Esse direito transmitir-se-á aos seus herdeiros pelo tempo que a lei determinar.

21) Ninguém será preso senão em flagrante delito, ou por ordem escrita da autoridade competente, nos casos expressos em lei. A prisão ou detenção de qualquer pessoa será imediatamente comunicada ao Juiz competente, que a relaxará, se não for legal, e promoverá, sempre que de direito, a responsabilidade da autoridade coatora.

22) Ninguém ficará preso, se prestar fiança idônea, nos casos por lei estatuídos.

23) Dar-se-á *habeas corpus* sempre que alguém sofrer, ou se achar ameaçado de sofrer violência ou coação em sua liberdade, por ilegalidade ou abuso de poder. Nas transgressões, disciplinares não cabe o habeas, corpus.

24) A lei assegurará aos acusados ampla defesa, com os meios e recursos essenciais a esta.

25) Não haverá foro privilegiado nem Tribunais de exceção; admitem-se, porém, Juízos especiais em razão da natureza das causas.

26) Ninguém será processado, nem sentenciado senão pela autoridade competente, em virtude de lei anterior ao fato, e na forma por ela prescrita.

27) A lei penal só retroagirá quando beneficiar o réu.

28) Nenhuma pena passará da pessoa do delinquente.

29) Não haverá pena de banimento, morte, confisco ou de caráter perpétuo, ressalvadas, quanto à pena de morte, as disposições da legislação militar, em tempo de guerra com país estrangeiro.

30) Não haverá prisão por dívidas, multas ou custas.

31) Não será concedida a Estado estrangeiro extradição por crime político ou de opinião, nem, em caso algum, de brasileiro.

32) A União e os Estados concederão aos necessitados assistência judiciária, criando, para esse efeito, órgãos especiais assegurando, a isenção de emolumentos, custas, taxas e selos.

33) Dar-se-á mandado de segurança para defesa do direito, certo e incontestável, ameaçado ou violado por ato manifestamente inconstitucional ou ilegal de qualquer autoridade. O processo será o mesmo do habeas corpus, devendo ser sempre ouvida a pessoa de direito público interessada. O mandado não prejudica as ações petitórias competentes.

34) A todos cabe o direito de prover à própria subsistência e à de sua família, mediante trabalho honesto. O Poder Público deve amparar, na forma da lei, os que estejam em indigência.

35) A lei assegurará o rápido andamento dos processos nas repartições públicas, a comunicação aos interessados dos despachos proferidos, assim como das informações a que estes se refiram, e a expedição das certidões requeridas para a defesa de direitos individuais, ou para esclarecimento dos cidadãos acerca dos negócios públicos, ressalvados, quanto às últimas, os casos em que o interesse público imponha segredo, ou reserva.

36) Nenhum imposto gravará diretamente a profissão de escritor, jornalista ou professor.

37) Nenhum Juiz deixará de sentenciar por motivo de omissão na lei. Em tal caso, deverá decidir por analogia, pelos princípios gerais de direito ou por equidade.

38) Qualquer cidadão será parte legítima para pleitear a declaração de nulidade ou anulação dos atos lesivos do patrimônio da União, dos Estados ou dos Municípios.

Art. 114 - A especificação dos direitos e garantias expressos nesta Constituição não exclui outros, resultantes do regime e dos princípios que ela adota.

Constituição dos Estados Unidos do Brasil de 10 de Novembro de 1937

[...] DA NACIONALIDADE E DA CIDADANIA

Art. 115 - São brasileiros:

a) os nascidos no Brasil, ainda que de pai estrangeiro, não residindo este a serviço do governo do seu país;

b) os filhos de brasileiro ou brasileira, nascidos em país estrangeiro, estando os pais a serviço do Brasil e, fora deste caso, se, atingida a maioridade, optarem pela nacionalidade brasileira;

c) os que adquiriram a nacionalidade brasileira nos termos do art. 69, n°s 4 e 5, da Constituição de 24 de fevereiro de 1891;

d) os estrangeiros por outro modo naturalizados.

Art. 116 - Perde a nacionalidade o brasileiro:

a) que, por naturalização voluntária, adquirir outra nacionalidade;

b) que, sem licença do Presidente da República, aceitar de governo estrangeiro comissão ou emprego remunerado;

c) que, mediante processo adequado tiver revogada a sua naturalização por exercer atividade política ou social nociva ao interesse nacional.

(...) DOS DIREITOS E GARANTIAS INDIVIDUAIS

Art. 122 - A Constituição assegura aos brasileiros e estrangeiros residentes no País o direito à liberdade, à segurança individual e à propriedade, nos termos seguintes:

1º) todos são iguais perante a lei;

Constituição dos Estados Unidos do Brasil de 18 de Setembro de 1946

TÍTULO IV
Da Declaração de Direitos

CAPÍTULO I
Da Nacionalidade e da Cidadania

Art. 129 - São brasileiros:

I - os nascidos no Brasil, ainda que de pais estrangeiros, não residindo estes a serviço do seu país;

II - os filhos de brasileiro ou brasileira, nascidos no estrangeiro, se os pais estiverem a serviço do Brasil, ou, não o estando, se vierem residir no País. Neste caso, atingida a maioridade, deverão, para conservar a nacionalidade brasileira, optar por ela, dentro em quatro anos;

III - os que adquiriram a nacionalidade brasileira nos termos do art. 69, n IV e V, da Constituição de 24 de Fevereiro de 1891.

IV - os naturalizados pela forma que a lei estabelecer, exigidas aos portugueses apenas residência no País por um ano ininterrupto, idoneidade moral e sanidade física.

Art. 130 - Perde a nacionalidade o brasileiro:

I - que, por naturalização voluntária, adquirir outra nacionalidade;

II - que, sem licença do Presidente da República, aceitar de governo estrangeiro comissão, emprego ou pensão;

III - que, por sentença judiciária, em processo que a lei estabelecer, tiver cancelada a sua naturalização, por exercer atividade nociva ao interesse nacional.

Art. 131 - São eleitores os brasileiros maiores de dezoito anos que se alistarem na forma da lei.

(...)CAPÍTULO II
Dos Direitos e das Garantias individuais

Art. 141 - A Constituição assegura aos brasileiros e aos estrangeiros residentes no País a inviolabilidade dos direitos concernentes à vida, à liberdade, a segurança individual e à propriedade, nos termos seguintes:

§ 1º Todos são iguais perante a lei.

Emenda Constitucional n° 1 de 17 de Outubro de 1969

TÍTULO II
DA DECLARAÇÃO DE DIREITOS

CAPÍTULO I
DA NACIONALIDADE

Art. 145. São brasileiros:

I - natos:

a) os nascidos em território, embora de pais estrangeiros, desde que estes não estejam a serviço de seu país;

b) os nascidos fora do território nacional, de pai brasileiro ou mãe brasileira, desde que qualquer deles esteja a serviço do Brasil; e

c) os nascidos o estrangeiro, de pai brasileiro ou mãe brasileira, embora não estejam estes a serviço do Brasil, desde que registrados em repartição brasileira competente no exterior ou, não registrados, venham a residir no território nacional antes de atingir a maioridade; neste caso, alcançada esta, deverão, dentro de quatro anos, optar pela nacionalidade brasileira.

II - naturalizados:

a) os que adquiriram a nacionalidade brasileira, nos termos do artigo 69, itens IV e V, da Constituição de 24 de fevereiro de 1891;

b) pela forma que a lei estabelecer:

1 - os nascidos no estrangeiro, que hajam sido admitidos no Brasil durante os primeiros cinco anos de vida, estabelecidos definitivamente no território nacional. Para preservar a nacionalidade brasileira, deverão manifestar-se por ela, inequivocamente, até dois anos após atingir a maioridade;

2 - os nascidos no estrangeiro que, vindo residir no País antes de atingida a maioridade, façam curso superior em estabelecimento nacional e requeiram a nacionalidade até um ano depois da formatura;

3 - os que, por outro modo, adquirirem a nacionalidade brasileira, exigidas aos portugueses apenas residência por um ano ininterrupto, idoneidade moral e sanidade física.

Parágrafo único. São privativos de brasileiro nato os cargos de Presidente e Vice-Presidente da República, Ministro de Estado, Ministro do Supremo Tribunal Federal, do Superior Tribunal Militar, do Tribunal Superior Eleitoral, do Tribunal Superior do Trabalho, do Tribunal Federal de Recursos, do Tribunal de Contas da União, Procurador-Geral da República, Senador, Deputado Federal, Governador do Distrito Federal, Governador e Vice-Governador de Estado e de Território e seus substitutos, os de Embaixador e os das carreiras de Diplomata, de Oficial da Marinha, do Exército e da Aeronáutica.

Art. 146. Perderá a nacionalidade o brasileiro que:

I - por naturalização voluntária, adquirir outra nacionalidade;

II - sem licença do Presidente da República, aceitar comissão, emprego ou pensão de governo estrangeiro; ou

III - em virtude de sentença judicial, tiver cancelada a naturalização por exercer atividade contrária ao interesse nacional.

Parágrafo único. Será anulada por decreto do Presidente da República a aquisição de nacionalidade obtida em fraude contra a lei.

(...) CAPÍTULO IV

DOS DIREITOS E GARANTIAS INDIVIDUAIS

Art. 153. A Constituição assegura aos brasileiros e aos estrangeiros residentes no País a inviolabilidade dos direitos concernentes à vida, à liberdade, à segurança e à propriedade, nos termos seguintes:

§ 1° Todos são iguais perante a lei, sem distinção de sexo, raça, trabalho, credo religioso e convicções políticas. Será punido pela lei o preconceito de raça.

> ## Constituição da República Federativa do Brasil de 1988
>
> [...] TÍTULO II
> DOS DIREITOS E GARANTIAS FUNDAMENTAIS
>
> CAPÍTULO I
> DOS DIREITOS E DEVERES INDIVIDUAIS E COLETIVOS
>
> Art. 5º Todos são iguais perante a lei, sem distinção de qualquer natureza, garantindo-se aos brasileiros e aos estrangeiros residentes no País a inviolabilidade do direito à vida, à liberdade, à igualdade, à segurança e à propriedade, nos termos seguintes:
>
> I - homens e mulheres são iguais em direitos e obrigações, nos termos desta Constituição;
>
> (...) CAPÍTULO II
> DOS DIREITOS SOCIAIS
>
> Art. 6º São direitos sociais a educação, a saúde, a alimentação, o trabalho, a moradia, o transporte, o lazer, a segurança, a previdência social, a proteção à maternidade e à infância, a assistência aos desamparados, na forma desta Constituição. (Redação dada pela Emenda Constitucional nº 90 de 2015)
>
> Parágrafo único. Todo brasileiro em situação de vulnerabilidade social terá direito a uma renda básica familiar, garantida pelo poder público em programa permanente de transferência de renda, cujas normas e requisitos de acesso serão determinados em lei, observada a legislação fiscal e orçamentária. (incluído pela Emenda Constitucional nº 114 de 2021)

Não pretendemos com a sucinta exposição dos textos constitucionais nada além de fazer menção a eles no que tange ao tema da cidadania, do direito, da legislação em torno do direito humano e da configuração da democracia.

Expostos os fragmentos constitucionais lembramos que, os textos de 1824, 1937 e 1969 foram outorgados e que os textos de 1891, 1934, 1946 e 1988 foram promulgados, o que significa que aqueles partiram da autoridade no governo para o povo enquanto estas representam expressões da vontade popular ou qualificativo de imposição pelos representantes do povo. Fato este demonstrado em especial em nível nacional no texto constitucional de 1988 "Todo o poder emana do povo, que exerce por meio de representantes eleitos diretamente, nos termos desta Constituição".

Igualmente a comunicação como direito humano e ordenado em comunicação popular e comunitária revela um brilho esplendor de um tipo de ação cidadã onde prevalece a democratização do acesso aos meios de comunicação e se expressam os avanços subservientes do acesso às novas tecnologias da informação e comunicação.

O processo evidenciado ao percorrermos a história serve para clarificar os conceitos aos quais lançaremos de mão para estabelecer e determinar os recursos metodológicos que instrumentalizarão a prática profissional no cotidiano da atuação.

O entendimento da comunicação como direito para além da tradicional abordagem do direito à comunicação como o direito ao acesso à informação ou direito à liberdade de expressão é fundamental para o Serviço Social e, logo, para o/a assistente social, pois como vimos nos ordenamentos jurídicos examinados a comunicação como direito está relacionada à democratização do poder de comunicar à luz do exercício da cidadania.

Ao/a assistente social compete a percepção democrática enfatizada na ótica da comunicação popular em que, tanto o acesso à informação quanto aos canais de expressão é um direito de cidadania e constitui parte fundante dos direitos da pessoa humana.

Este ponto nos remete a reconsiderar o debate em torno das lutas pela aquisição dos direitos sociais e políticos no prisma da apropriação dos meios de comunicação como direito ao exercício da liberdade de expressão em nível individual e coletivo agregado aos princípios da necessidade de apropriação das mídias.

Apesar da inegável desigualdade existente no uso das mídias pelo cidadão comum em relação às mídias tradicionais de informação e comunicação de massa, ao utilizar-se dos meios de comunicação o cidadão avança no exercício do direito de discutir e expor em público sobre o coletivo.

Não trataremos, no entanto, como se grande parte dos cidadãos brasileiros não estejam excluídos não só dos benefícios sociais aos quais o desenvolvimento histórico colocou ao usufruto do ser humano – como o acesso à internet. Em pleno século XXI o principal acesso à imprensa brasileira continua diretamente relacionado às poucas emissoras de televisão em canais abertos de transmissão, o que revela uma comunicação verticalizada.

Como a cidadania é fruto de conquista e não dádiva, no campo do direito à comunicação, no rumo da comunicação cidadã, afloram os segmentos populares em vias de emancipação coletiva com vistas ao desenvolvimento social que mesmo por vezes de forma incipiente experimentam a democratização da mídia no exercício do direito à comunicação.

É posto que, com o desenvolvimento das tecnologias digitais e mídias de transmissão de informações e comunicação o acesso dos cidadãos ao poder de comunicar se potencializa, no entanto, as desigualdades de renda, educação e acessos é que determinam o imperativo deste fato.

À medida que é uma oportunidade nunca antes vivenciada ao exercício da liberdade de comunicação, o impedimento do acesso às infraestruturas necessárias para o usufruto das novas tecnologias da informação e comunicação não pode ser desconsiderado e, menos ainda, negligenciado.

O exemplo dos processos midiatizados de acesso a informações, orientações e serviços relacionados aos direitos sociais de seguridade social, explicitam o cerceamento da participação direta dos cidadãos na garantia do direito.

A perspectiva positiva desta empreitada sobre a comunicação e sua relação com o direito humano está na determinação da comunicação como o "calcanhar de Aquiles[3]" do detentor da informação cuja finalidade instrumental de sua comunicação é o doutrinamento e a regulação vertical e unilateral daquela, visto que o surgimento e configuração de processos plurais de apropriação do papel de sujeito dos cidadãos nos processos de comunicação determinam possibilidade de superação das contingências históricas em real transformação social.

---

3   Expressão popular que significa o ponto fraco de alguém e transmite a ideia de fraqueza e vulnerabilidade. É o ponto onde uma pessoa se sente mais frágil, não possuindo domínio suficiente para controlar uma determinada situação. Segundo a mitologia grega, Aquiles era um grande guerreiro, filho do rei Peleu (rei dos mirmidões) e de Tétis, deusa grega do mar. Tétis tencionava garantir a imortalidade do seu filho ao mergulhá-lo nas águas do rio Estige. Foi dessa forma que Aquiles tornou-se invulnerável, exceto no único ponto por onde Tétis o segurou e que não foi molhado: o calcanhar. Aquiles venceu muitas batalhas na Guerra de Tróia, porém uma profecia indicava que morreria nessa guerra. E assim foi. Após matar Heitor e arrastar o seu corpo por Tróia, Páris, irmão de Heitor trespassou uma flecha pelo calcanhar do guerreiro Aquiles e o matou. (GRIMAL, 2009, p. 37).

CAPÍTULO III

DO PROJETO ÉTICO-POLÍTICO PROFISSIONAL – A COMUNICAÇÃO E A INSTRUMENTALIDADE PRÁTICA DO/A ASSISTENTE SOCIAL

3.1 DO PROJETO ÉTICO-POLÍTICO PROFISSIONAL E A INSTRUMENTALIDADE DA PRÁTICA DO/A ASSISTENTE SOCIAL

Para falarmos de projeto ético-político do/a assistente social no Brasil é indispensável revisitarmos a própria história da formação do Serviço Social nacional e a trajetória de desenvolvimento da categoria profissional.

Um pouco do percurso do Estado brasileiro, de sua vinculação com a Igreja Católica podem esclarecer e relembrar para nós a estrada do Serviço Social nesse contexto.

Havemos de considerar que há uma propositura de delimitação do serviço social e, por conseguinte da profissão de assistente social em duas afluentes: a primeira, a do serviço social clássico e tradicional e, a segunda, do serviço social em período de reconceituação.

Nessas considerações históricas destacamos o surgimento da questão social diretamente relacionada ao trabalho livre numa sociedade agudamente marcada pela escravidão. Trabalho este que da perspectiva do livre trabalho se difunde no cenário histórico de dissociação do homem com os meios de produção na perspectiva dos limites da formação econômica e social nacional.

A força de trabalho agora reconhecida como mercadoria deixa a cargo do operário e de sua família a manutenção e/ou a reprodução em troca do salário e sua sobrevivência passa a estar diretamente relacionada ao mercado de trabalho que é regido pelo capital. Esse cenário denota claramente o caráter social do domínio do capital, pois revela que o trabalhador – operário, ao passo do desenvolvimento do sistema de produção capitalista sucumbe à exploração colossal do capital.

A garantia das condições de existência do trabalhador a condicionam a reprodução do elemento de classe social, através da qual fica estabelecida uma "verdadeira guerra civil" segundo Iamamoto (2000) entre estes e a classe capitalista. Esse movimento desencadeado pela exploração a que estão submetidos os trabalhadores determina a defensiva destes frente a sociedade burguesa e resulta na exigência do controle social da exploração da força de trabalho.

O período histórico que estamos transitando é o da segunda década do século XX. A regulação jurídica do mercado de trabalho, da compra e venda da força de trabalho se dá pelo Estado sob representação das leis sociais, uma vez que a sociedade brasileira revela já neste contexto histórico vieses de movimentos sociais para a conquista de uma cidadania social.

A consolidação do capitalismo na formação econômico social determina condições históricas determinadas que requer leis sociais, haja visto o deslocamento da questão social do status de coadjuvante na história social para papel principal das contradições sociais. Ao passo que, não mais se trata de uma contradição posta entre abençoados ou desvalidos de fortuna, ricos e pobres, dominantes e dominados, mas da contradição – antagônica da burguesia de um lado e proletariado do outro.

Desponta dessa perspectiva acerca da questão social base para a elaboração e construção objetiva e subjetiva de um projeto societário alternativo ao da burguesia, pela solidificação dos vínculos de defesa política e ideológica que lhe atravessam.

É no decorrer desse processo histórico que se ergue a implantação do serviço social a partir de iniciativas particulares de grupos que por intermédio da igreja católica, com base social delimitada e sob perspectiva de recrutamento e formação de agentes sociais delimitam uma ideologia.

O serviço social tem sua implantação localizada na demanda social e dar sentido histórico a sua compreensão perpassa analisar a agudização das expressões da questão social e o posicionamento que os grupos dominantes e as instituições mediadoras de seus interesses assumem na sociedade.

Os anos eram os das décadas 1930, ainda no princípio do século XX e o enraizamento do capitalismo monopolista evidenciava um cenário extremamente desfavorável para as classes subalternizadas tanto na área social quanto na econômica. Essa conjuntura desencadeou um tensionamento entre Estado e classe trabalhadora fazendo com que aquele se sentisse pressionado a atuar nas diferentes expressões da questão social como forma de conformar, mas também, controlar e disciplinar a estes.

A crise econômica internacional de 1929 e o golpe de Estado que depôs Washington Luis em outubro de 1930 representam um importante marco histórico na trajetória da sociedade brasileira. Até 1930 a política nacional era conduzida pelas oligarquias de São Paulo e Minas Gerais em que se alternavam a presidência da república entre as oligarquias mineira e paulista, compondo o sistema político popularmente reconhecido como a "política do café com leite".

Esses acontecimentos representam a luta pelo poder entre as elites burguesas e, a margem de vitória a ambos os lados não intentava promover real ou profunda mudança na estrutura social brasileira.

Dá-se inicio a era Vargas (1930 a 1945) que não divide a história em duas etapas, mas marca um momento importante de um processo revolucionário que teve início na segunda metade da década de 1920 e tem seus desdobramentos presentes até 1937. Getúlio Vargas revoga a constituição de 1891 e, com amplos poderes passa a governar por decretos.

Neste momento, no poder entre os anos de 1930 a 1945, seu governo é representado por três fases: governo provisório, governo constitucional e Estado novo. Ainda nos primeiros anos do governo provisório uma nova legislação social é publicada com revisão em relação ao texto e conteúdo da anterior, tomando por modelo não apenas um reconhecimento, mas de certo modo a ampliação da cidadania do proletariado, pela redefinição das relações do Estado com as diversas classes sociais.

Precisamos destacar nessa breve e enxuta contextualização sócio-histórica que os anos de 1934 e 1935 guardam uma parcial exceção quanto a conjuntura política das décadas em discussão, pois concentram maior intensidade no que diz respeito à repressão à organização autônoma e mobilização do proletariado, de sorte que o projeto político dos representantes se explicita em torno da proteção ao trabalhador na forma de justiça social e aumento da produção; em outras palavras, Iamamoto (2000, p. 153)

> Proteção ao trabalhador para a obtenção da harmonia social. Isto é, controle e subordinação do movimento operário e expansão da acumulação pela intensificação da exploração da força de trabalho.
>
> A ofensiva ideológica contra a organização autônoma do proletariado será uma constante durante todo o período. Buscará isolar a classe de sua vanguarda organizada e afirmar o mito do Estado benefactor, da outorga da legislação protetora do trabalho, o mito do Estado acima das classes e representativo dos interesses gerais da sociedade e da harmonia social.

A conjuntura sociopolítica desse momento expressa uma articulação da igreja católica com o Estado, dando a ela ampliação no campo de intervenções na vida social, o que se consolida, do misto que corporificou a promulgação da Constituição de 1934.

Falamos de um período e tempo histórico em que a igreja católica busca reafirmar seu prestígio e, sua influência na sociedade à medida de promover o desenvolvimento e implementação de escolas de Serviço Social em nível nacional.

Fonte: Acervo do Prof. Paulo Novaes – Vice-reitoria de Desenvolvimento – parte 7 – bc002_039. Disponível em: http://nucleodememoria.vrac.puc-rio.br/acervo/bc0002. Acesso em 20 de Out. 2022.

A caridade e a filantropia imperam ações de intenção de respostas à questão social pela via de práticas moralistas, e, embora tenhamos informações e registros anteriores de ações sociais, o marco histórico do surgimento do Serviço Social no Brasil datado da terceira década do século XX com a afirmada preocupação da Igreja Católica na perspectiva da reforma da sociedade devido à "decadência da moral" produzida pelo liberalismo.

Yasbec (2009, p. 5) evidencia que:

> É, pois, na relação com a Igreja Católica que o Serviço Social brasileiro vai fundamentar a formulação de seus primeiros objetivos políticos/sociais orientando-se por posicionamentos de cunho humanista conservador contrários aos ideários liberal e marxista na busca de recuperação da hegemonia do pensamento social da igreja face à "questão social". Entre os postulados filosóficos tomis-

tas que marcaram o emergente Serviço Social temos a noção de dignidade da pessoa humana; sua perfectibilidade, sua capacidade de desenvolver potencialidades; a natural sociabilidade do homem, ser social e político; a compreensão da sociedade como união dos homens para realizar o bem comum (como bem de todos) e a necessidade da autoridade para cuidar da justiça geral.

Como síntese da necessidade sentida por setores da ação católica e ação social em efetivar obras de filantropia das classes hierárquicas dominantes paulistas, surge o Centro de Estudos e Ação Social de São Paulo (CEAS) em 1932. O objetivo principal do CEAS era a promoção da formação de membros pelo estudo da doutrina social da igreja e formação do conhecimento aprofundado dos problemas sociais.

Segundo documentos históricos[4] o ponto de partida das ações desse núcleo estava na vivência do período em que profundas transformações políticas e sociais destacavam a necessidade de intervenção a partir de uma perspectiva ideológica e de uma prática homogênea cuja intervenção direta junto ao proletariado pretendia afastá-lo de influências subversivas.

As atividades do CEAS apontavam para a formação técnica de preparo especializado que culminariam na organização de uma escola de serviço social e que se fundamenta a partir da regulamentação do Estado em racionalizar a assistência.[5]

Estavam, portanto, as primeiras escolas de Serviço Social vinculadas à igreja católica imperando os postulados neotomistas, de caráter conservador, moralista, vocacional, confessional, cuja proposta estava voltada a uma educação moral para a substituição de valores e superação dos

---

4   Relatório do CEAS (1932-1934). "O Centro de Estudos e Ação Social constitui-se em Setembro de 1932, em plena revolução paulista, quando mais se evidenciava em nosso país o choque das doutrinas sociais e dos pontos de vista contraditórios sobre os nossos problemas. [...] As reuniões dessa comissão – de moças católicas que frequentaram o curso ministrado por Mlle. De Loneaux – foram o início das atividades do CEAS. Tinham se realizado as primeiras durante os meses de maio a junho quando, a 9 de julho rebentou em São Paulo o movimento pela reconstitucionalização do país, que absorveu todas as energias e iniciativas, dirigindo-se para o único fim da vitória de nossa causa.

5   Em 1935 a Lei 2.497 de 24 de dezembro de 1935 cria o Departamento de Assistência Social do Estado de São Paulo e representa a primeira iniciativa desse tipo no Brasil. Em 1938 o governo do estado de São Paulo transforma este departamento ao Departamento de Serviço Social.

comportamentos das pessoas das classes subalternizadas. Mas ainda, a regulação e incentivo do governo, subsidiavam as ações desenvolvidas por essas instituições.

No decorrer de pouco mais de uma década da formação da primeira escola de Serviço Social, outras sete constituíram-se e formatam a história dos primórdios dos cursos de formação de assistentes sociais no Brasil. Veja a seguir a relação destas escolas e suas evoluções acadêmicas.

1936	Escola de Serviço Social de São Paulo (atualmente PUC-SP)
1937	Instituto Social do Rio de Janeiro (atualmente PUC-RJ)
1937	Curso de Serviço Social Ana Neri – RJ (atualmente UFRJ)
1940	Instituto de Serviço Social SP – masculino (atualmente Faculdade Paulista de Serviço Social)
1940	Escola de Serviço Social de Pernambuco (atualmente UFPe)
1944	Escola Técnica de Assistência Social Cecy Dodworth – Prefeitura do Rio de Janeiro (atualmente UERJ)
1944	Escola de Serviço Social do Paraná (atualmente PUC-PR)
1945	Escola de Serviço Social de Porto Alegre (atualmente PUC-RS)

Fonte: Autoria própria.

A origem da profissão de assistente social está marcada com a presença impregnada da caridade e solidariedade ao desenvolvimento de ações sociais de "boas moças" convocadas pela igreja católica à atenção aos pobres, com vistas a melhorar a ordem vigente através da reforma da sociedade.

Não confunda o que acaba de ser mencionado com o alinhamento do projeto ético-político profissional do/a assistente social adotado, em especial a partir dos processos históricos desencadeados, já na década final do século XX que consiste na observância da categoria da luta de classes e do entendimento da realidade social enquanto movimento histórico da sociedade.

O desenvolvimento da ação social católica, impregnado da filosofia tomista apregoava a reforma social através da restauração dos costumes em prol da manutenção do controle sobre a classe operária, o que era considerado a garantia da harmonia social à época. A prática profissional do/a assistente social estava direcionada pela fé e consistia de ações assistencialistas cuja materialidade se encontrava na experiência e intuição.

Estado e igreja se aliançam na organização da filantropia onde compete aos ricos a prática do bem e aos pobres a revisão pessoal quanto à pobreza em que se encontram.

Sob a influência da linha teórica positivista e da primeira assistente social norte-americana, Mary Richmond os primeiros métodos de trabalho do serviço social brasileiro marcam as primeiras decas de abordagens essencialmente individualizadas ou com grupos de desenvolvimento – serviço social de caso, serviço social de grupo, serviço social de comunidade.

O aprofundamento destes métodos não é matéria desta obra e, assim sendo não nos tardaremos em apontá-los para além de mencionar que a perspectiva da atuação do/a assistente social estava em modificar o comportamento das pessoas e suas famílias para que seus comportamentos e condições de higiene melhorassem.

O período histórico nacional de que estamos tratando retrata um processo de crescimento urbano e incipiente industrialização que converge com a eclosão das expressões das desigualdades na sociedade, também designada questão social.

A crescente da prática profissional do serviço social, a partir da década de 1950 aponta para uma sensibilização dos/as assistentes sociais para problemáticas macrossociais que passam a demonstrar contradições entre a continuidade de uma prática de caráter acrítico e aparentemente despolitizado que desconsiderava a categoria de classes; e, o aflorar de movimentos participativos de perspectiva crítica.

Avançam os anos e se agudizam as desigualdades revelando novas problemáticas, cujas necessidades de resposta a sociedade não estava preparada para dar. O Estado se torna um interventor cujo objetivo de regulação é evidenciado e, neste passo, reconhece o estatuto da profissão[6], a institucionalizando e lhe conferindo caráter técnico.

A crise do contexto sócio-político que marca o início das décadas de 1960 em diante, determinam aos/as assistentes sociais a necessidade

---

6 A profissão de assistente social é uma das primeiras atividades laborais a ter reconhecimento legal por parte do Estado. Na década de 1950 a Lei Federal 3.252 de 27 de agosto de 1957 que regulamenta o exercício da profissão de assistente social, cujo decreto a regulamenta em 15 de Maio de 1962 torna-se válida, inclusive se tornando marco histórico de alusão ao dia do/a assistente social (15 de Maio).

de reflexão sobre as ações práticas de sua atuação e também, das bases fundantes do serviço social brasileiro. Novos conflitos e tensões se materializam na conjuntura da autocracia burguesa e, neste mesmo enredo diversos movimentos ativistas do serviço social se organizam no que ficará determinado como o Movimento de Reconceituação do serviço social.

Repensar o serviço social sob uma perspectiva teórico-crítica e metodológica-operativa balizada pela realidade latino-americana em detrimento da influência norte-americana que conduzia a formação e a prática profissional até então era o objetivo primeiro do processo.

As transformações propostas a partir da ruptura com o conservadorismo se alinham em três principais direções: a modernização do conservadorismo, a reatualização do conservadorismo e a intenção de ruptura; cujo marco histórico está para o III Congresso Brasileiro de Assistentes Sociais (CBAS) que ficou popularmente conhecido como o Congresso da Virada.

Antes de avançarmos é importante a verificação das direções do processo de renovação ou reconceituação do serviço social, pois, é determinante à formulação do projeto ético-político profissional do/a assistente social, assim, ilustra o quadro:

Resumo do Movimento de Reconceituação do Serviço Social Brasileiro			
	Modernização	Reatualização	Intenção de Ruptura
Matriz filosófica	Funcionalista Positivista	Fenomenologia	Marxista
Marco histórico	1967 – Seminário de Araxá 1970 – Seminário de Teresópolis	1978 – Seminário de Sumaré 1984 – Seminário do Alto da Boa Vista	1970 – Método de BH (Belo Horizonte)
Articulador	José Lucena Dantas	Ana Augusta Almeida Ana Maria Braz Pavão	Leila Lima Santos

Resumo do Movimento de Reconceituação do Serviço Social Brasileiro		
	Modernização	Reatualização	Intenção de Ruptura
Matriz filosófica	Funcionalista Positivista	Fenomenologia	Marxista
Particularidades	- Culpabilização do individuo por sua condição social; - Neutralidade frente às contradições sociais; - Discurso cristão.	- Análise e intervenção baseadas na ajuda psicossocial; - Visão de mundo derivada do pensamento católico.	- Indicativo prático de rompimento com o conservadorismo; - Superação dos paradigmas da intervenção profissional conservadora.

Fonte: Autoria própria sob a influência teórica de José Paulo Netto (2015).

A importância dos acontecimentos do III CBAS é efetiva e segundo Mota e Rodrigues (2020),

> [...] o III CBAS deu decisiva contribuição para forjar uma nova cultura profissional que continha e contém uma direção social estratégica (Netto, 1996) colidente com os interesses do grande capital, expressa na atuação política das entidades representativas da categoria profissional, nos parâmetros jurídico-políticos da formação e atuação dos assistentes sociais (Códigos de Ética, na lei de regulamentação da profissão, nas Diretrizes Curriculares) e na produção teórica mais relevante da área do Serviço Social.

A experimentação do processo de renovação do serviço social no Brasil se acumula às mudanças ocorridas na sociedade brasileira de um modo geral e se materializa em conquistas teorias e práticas que se expressam na reflexão e normatização ética profissional.

Não afirmamos ao destacar os fatos até aqui expostos, que somente a partir do movimento de reconceituação do serviço social se legitimam os fundamentos normativos de definição das competências e atribuições profissionais. Ou que não havia no decurso da trajetória histórica apresentada um projeto societário propagado e defendido pela categoria profissional que para cada contexto temporal se revela.

São os códigos de ética profissional,

ANO	APROVAÇÃO	INTRODUÇÃO/NORTE
1947	Aprovado em Assembleia Geral da Associação Brasileira de Assistentes Sociais (ABAS) – Seção São Paulo, em 29-IX-1947.	Identifica a moral ou ética conceituando-a como a ciência dos princípios e das normas que se devem seguir para fazer o bem e evitar o mal, destacando como princípio primeiro norteador da prática profissional do/a assistente social.
1965	Aprovado em 8 de Maio de 1965.	Revela os direitos fundamentais do homem – ser humano como o alicerce da prática profissional, sendo as exigências do bem- comum, princípios reconhecidos pela filosofia do Serviço Social para o/a assistente social.
1975	Aprovado em 30 de Janeiro de 1975.	Revela o princípio contido na premissa de que uma profissão regulamentada tem marcado seu interesse para com a sociedade.
1986	Aprovado em 9 de Maio de 1986.	Marca o processo de trabalho conjunto, desencadeado a partir de 1983 e expressa princípios e diretrizes norteadores da prática profissional. Constitui-se como parâmetro disciplinador do exercício profissional com vistas a garantir a nova proposta da prática dos Assistentes Sociais.

ANO	APROVAÇÃO	INTRODUÇÃO/NORTE
1993	Aprovado em 13 de Março de 1993.	Resultante da agenda programática do CFESS, representa o envolvimento do conjunto CFESS/CRESS, a ABESS, a ANAS, a SESSUNE e o efetivo de assistentes sociais de todo o país em expressar as aspirações coletivas dos/as profissionais brasileiros/as.

Fonte: Autoria própria.

Os três primeiros códigos de ética datados de 1947, 1965 e 1975 marcam a defesa de um projeto societário conservador e tradicional, inspirado em valores morais da caridade cristã, com princípios individualistas com negação da luta de classes.

Tendo em vista que o código de ética de 1975 se mostrava insuficiente em gerar formas coerentes de conhecimento e intervenção profissional associadas às reformulações propostas pela categoria – resgate o quadro do movimento de reconceituação se julgar necessário – é aprovado em 1986 o quarto código de ética profissional do/a assistente social.

Este código destaca a ética no campo dinâmico do movimento da história, determinado pelas relações sociais, direcionando não apenas a formação profissional, mas também, os elementos que dizem respeito ao exercício profissional. É a partir do código de 1986 que se revela o compromisso com a classe trabalhadora e interesses dos usuários que se tornam sujeitos históricos pertencentes a uma classe social, demarcando a vertente de intenção de ruptura.

Está demarcado o início da trajetória de luta da categoria profissional de assistente social por um projeto profissional crítico, que de acordo com o texto da ABESS[7], (1986, p. 4) se apresenta

---

7 Datada 1946 sob a denominação de Associação Brasileira das Escolas de Serviço Social – ABESS, após o Congresso da Virada ela se transforma na Associação Brasileira de Ensino de Serviço Social e, posteriormente em 1996 um novo momento muda o nome para ABEPSS – Associação Brasileira de Ensino e Pesquisa em Serviço Social.

68 | Comunicação e a Prática do/a Assistente Social

> [...] respaldado na melhor herança clássica e contemporânea do pensamento social na modernidade, seja capaz de responder aos desafios colocados pela História à profissão como atividade inscrita na divisão social do trabalho, seja do ponto de vista do desvelamento da sociedade, da identidade da própria profissão e das respostas teórico-práticas no âmbito profissional que se desdobrem em elementos impulsionadores do movimento de superação desse modo de organização da vida e do trabalho em sociedade.

Embora representante do avanço no aspecto da superação da neutralidade e imparcialidade e ainda do estímulo ao desenvolvimento da pesquisa e critica à realidade, segundo Barroco (2001, p. 176)

> O Código expressa uma concepção ética mecanicista; ao derivar, imediatamente, a moral da produção econômica e dos interesses de classe, não apreende as mediações, particularidades e dinâmicas da ética. Ao vincular, mecanicamente, o compromisso profissional com a classe trabalhadora sem estabelecer a mediação dos valores próprios à ética, reproduz uma visão tão abstrata quanto a que pretende negar.

O código de ética de 1986 afirmava um novo perfil de profissional, despido da lógica de agente subalterno, mero executor de ações de condutas reguladoras, para um profissional agente teórico, técnica e politicamente competente.

No cenário da sociedade brasileira, se construía um projeto profissional que se associava ao um projeto social democrático de compromisso objetivo para com os interesses históricos da população trabalhadora.

Estamos trilhando os caminhos das décadas finais dos anos de 1980 e a ordenamento jurídico consagrado na Constituição Federal de 1988 revela profundas alterações ocorridas na sociedade brasileira que culminam com o amadurecimento do projeto profissional dos/as assistentes sociais que intenta fundamentar os parâmetros éticos da profissão de modo que se instrumentalizem na prática cotidiana do exercício profissional e, revelam a necessidade de revisão do código vigente.

O serviço social ao longo da década de 1980 incorpora o referencial marxista e, à medida desse processo expande as produções do conhecimento teórico. É em especial com Iamamoto que a teoria social efetivamente desponta interlocução com a profissão apoiando nessa teoria como matriz teórico-metodológica o posicionamento de que na imediaticidade não é possível perceber a natureza relacional do ser social.

O processo de revisão do código de ética de 1986 pode ser demonstrado em dois pontos: o que reafirma a liberdade e a justiça social como valores fundantes da exigência democrática – em que a democracia tem o valor ético-político central como único padrão de organização político-social capaz de assegurar a equidade como valor essencial da liberdade; o que determina a normatização do exercício profissional de modo a permitir que aqueles valores sejam retraduzidos na relação dos/as assistentes sociais com o espaço sócio-ocupacional e/ou com a população, salvo guardando os direitos e deveres profissionais, a qualidade dos serviços prestados e a responsabilidade diante do/a usuário/a.

Este referencial, que transitará das décadas e 1980 e avançará às décadas de 1990 conduzirá e direcionará o pensamento e a prática profissional do/a assistente social no Brasil. Trata-se do desencadear do processo de construção da hegemonia de novos referenciais interventivos sob novos referenciais teórico-metodológicos.

Germinava a perspectiva da instrumentalização da categoria profissional frente o contexto nacional de processos de globalização e da instituição do neoliberalismo, responsáveis por significativas e imprevisíveis transformações nas relações de produção e organização da vida em sociedade. Mediante a compreensão de que a ética necessita apoiar-se sob uma ontologia do ser social, na qual valores são determinações da prática social e produto da atividade criadora tipificada no processo de trabalho.

O pressuposto estabelecido é que o ser social é constituído à medida do processo de trabalho, relação essa que se constitui inversa a do ser natural, pois requer assentar-se sob a capacidade teleológica consciente, consequentemente tornando-o capaz de socializar-se e apto a liberdade.

O contexto histórico pós-Constituição de 1988 é o plano da transposição dos/as profissionais de serviço social da condição de executores das políticas sociais a gestores e planejadores destas políticas, mas tendo dito isto não podemos deixar de nos lembrar da conjuntura econômica que caracteriza os anos 80[8] em que se configurava um novo perfil para a questão social nacional pela linha da precarização do trabalho e deterioração do sistema público de proteção social.

Tanto os anos 80 quanto os anos 90 denotam tendências adversas para as políticas sociais no Brasil e se constituem em espaço de proliferação ao avanço neoliberal que corrói as bases do sistema de proteção social. A profissão enfrenta o desafio da via neoliberal de combate à pobreza por programas seletivos e focalizados que deslocam para a sociedade civil as tarefas de enfrentamento à exclusão social e promove o ideal da sociedade solidária.

Essa conjuntura aproxima do serviço social e da profissão de assistente social, novas temáticas, novas questões e até novos sujeitos sociais – além daqueles de sempre. A década de 1990 destaca ao debate profissional, com repercussão na ação e produção técnica, eixos articuladores de ordem diversa.

Netto (1999) afirma que o serviço social nesta década está consolidado e maduro e, por isso, as transformações societárias que moldam a década em destaque revelam uma profissão cujo projeto ético-político profissional integra valores, escolhas interventivas e teóricas, éticas, ideológicas e políticas que normatizam a interlocução crítica com o movimento da sociedade na qual a profissão é parte e também expressão.

O trecho da introdução do código de ética de 1993 (2012, p. 22) destaca que,

> Esta concepção já contém em si mesma, uma projeção de sociedade – aquela em que se propicie aos/às trabalhadores/as pleno desenvolvimento para a invenção e vivência de novos valores, o que evidentemente, supões a erradicação de todos os processos de exploração, opressão e alienação.

Implicado o projeto social a que se refere o código de ética profissional do/a assistente social convergem a este o próprio projeto profissional

---

8   A "década perdida" como fica conhecida do ponto de vista econômico as décadas dos anos 1980 revelam a pobreza como tema central da agenda social, tendo em vista o consequente aumento do número absoluto de pobres, a situação do endividamento nacional junto os organismos internacionais, as reformas neoliberais e a adoção de medidas econômicas e ajuste fiscal.

do serviço social que tem na ética o pressuposto teórico-político que dirige o/a assistente social ao enfrentamento das contradições postas a eles/as; à luz de uma fundamentação teórica de perspectiva crítica.

Perceba há uma direção social orientativa do projeto de profissão que se estabelece pela relação orgânica deste com o projeto das classes subalternizadas e que irá se reafirmar a cada normativa teórica do serviço social; o código de ética de 1993, as diretrizes curriculares de 1996, a legislação que regulamenta o exercício profissional de 1993, resoluções do conjunto CFESS/CRESS.

De acordo com Yasbec (2009, p. 157),

> Do ponto de vista das referências teórico-metodológicas a questão primeira que se coloca para a profissão já no início da década é o confronto com a denominada "crise" dos modelos analíticos, explicativos nas ciências sociais, que buscam captar o que está acontecendo no fim de século e as grandes transformações que alcançam múltiplos aspectos da vida social. No mundo do conhecimento começam as interferências, não sem conflitos, do denominado pensamento pós-moderno, [...] que questiona e nivela os paradigmas marxistas e positivista.

Nesse trilhar, é a ética profissional, resultado das determinações históricas e particulares cuja natureza de ordem profissional possui dimensão específica e determinações que legitimam a profissão na divisão sociotécnica do trabalho. A ação ética é um processo de abstrações de sucessivas e determinantes aproximações na direção da intervenção do indivíduo na realidade.

Na prática profissional, a ética profissional normatiza deveres e valores através de teorias que fundamentam a intervenção e reflexão como ação ético-política.

O desafio posto ao/à assistente social ao longo da década de 90 e início dos anos 2000 está para a consolidação do projeto ético-político, teórico-metodológico e operativo que, sob a influência da tradição marxista vem se construindo sob a conexão do ideal de sociabilidade.

3.2 A COMUNICAÇÃO E A INSTRUMENTALIDADE – CONSOLIDAÇÃO DO PROJETO ÉTICO-POLÍTICO PROFISSIONAL DO/A ASSISTENTE SOCIAL

Está evidenciado que projetos societários e projetos coletivos ou profissionais estão associados pela própria prática que os determina, ou seja, os projetos em qualquer que seja a sociedade de classes representa o caráter político de toda prática, visto que estas envolvem diversos interesses e múltiplas mediações.

Mais que um pacto de classes, a readaptação de mecanismos de exploração econômica e dominação política são necessidades inerentes a consolidação do capitalismo. Nesse sentido a legislação social representa a ratificação da dominação do capital, visto que incorpora de modo objetivo reivindicações históricas do proletariado, mas também implica o avanço da subordinação do trabalho ao capital.

Estamos tratando de projetos coletivos quando falamos de projetos societários, mas também de projetos individuais o que em uma sociedade de classes está diretamente relacionado ao projeto político associado a toda prática social, na forma de múltiplas mediações.

Isto significa afirmar que à medida que o ser social se desenvolve as suas objetivações superam o mero trabalho, apreendendo caracterizações diversas. Desta forma, a prática pode ser política, artística, produtiva, profissional entre outras, e, trazem em si "projeções individuais ou coletivas".

No caso do serviço social, tanto no campo das ideias, quanto no campo da prática, os/as profissionais que nele intervêm têm a intenção de reproduzir uma determinada direção social de valores políticos, ideológicos, econômicos etc., específicos; de dimensão coletiva, categorizando a condição de projeto profissional.

Como visto em tópicos anteriores, a primeira referência legislacional com respeito aos serviços sociais consta da carta constitucional de 1934, em que o Estado se torna responsável por obrigação a assegurar amparo aos "desvalidos". Nesse sentido a primeira medida legal data de 1938, o Decreto de lei nº 525 de primeiro de Julho já sob a vigência do período do Estado Novo.

Instituída a organização nacional do serviço social como modalidade de serviço público com o estabelecimento de organismos de direção e execução. Este mesmo decreto cria o Ministério da Educação e Saúde e o Conselho Nacional de Serviço Social, cuja função fica estabelecida em se constituir em órgão consultivo do governo e das entidades privadas e, ainda realizar "inquéritos e pesquisas sobre as situações de desajustes sociais;" realizar "a organização do plano nacional de serviço social, englobando os setores público e privado;" além de "sugerir quanto às políticas sociais a serem desenvolvidas pelo governo", entre outras funções.

Não nos debruçaremos sobre os surgimentos históricos de instituições nacionais de assistência social do período, sobre as quais faremos apenas menção, pois, nosso desejo agora é avançarmos às questões da institucionalização da prática profissional dos/as assistentes sociais.

> A primeira grande instituição nacional de assistência social, a Legião Brasileira de Assistência, é organizada em sequência ao engajamento do país na Segunda Guerra Mundial. Seu objetivo declarado será o de prover as necessidades das famílias cujos chefes haviam sido mobilizados e, ainda, prestar decidido concurso ao governo em tudo que se relaciona ao esforço de guerra. Surge a partir de iniciativa de particulares logo encampada e financiada pelo governo, contando também com o patrocínio das grandes corporações patronais [...] e o concurso das senhoras da sociedade.

Sob o objetivo principal de atuar em favor do progresso do serviço social, a Legião Brasileira da Assistência – LBA ofereceu apoio às escolas especializadas à formação técnica especializada e já existente pela distribuição de recursos financeiros e estabelecimento de um sistema de bolsas de estudos viabilizando o surgimento de escolas de serviço social nas capitais de diversos Estados, no formato de convênios com a igreja católica e os movimentos de ação social.

Com o papel de desempenhar funções políticas, econômicas e ideológicas surgem novas técnicas sociais vitais para a manutenção da dominação de classe e contenção das lutas sociais representando os aspectos essenciais das práticas sociais no âmbito das instituições assistenciais.

Os/as assistentes sociais são neste contexto agentes concretos, preparados para o uso de métodos e técnicas específicos à legitimação da relação de forças. É a profissão de assistente social surgindo como uma categoria de assalariados, como profissão legitimada dentro da divisão social do trabalho com um corpo de conhecimentos, métodos e técnicas específicos.

Assim, o processo de institucionalização do serviço social é também o processo de profissionalização dos/as assistentes sociais, uma vez que se configura de uma profissão cuja perspectiva de intervenção é política assistencial, a uma atividade legitimada e institucionalizada pelo Estado e classe dominante.

A ação do/a assistente social tem em sua prática a ação ideológica do esclarecimento e da integração normativa em que o conjunto de "problemas sociais" é essencialmente observado da ótica individual e familiar e não enquanto fenômeno social.

Uma prática social de cunho não burocratizado, que dará à ação do/a assistente social um cunho educativo que terá como elemento caracterizador o fator de propor, mediar e induzir mudanças de comportamento, mas ainda sem colocar em questão a estrutura de classes, sob uma concepção funcionalista do modo de vida e das condições de carência.

Avançada a prática profissional, a ação isolada e individual do/a assistente social é substituída por ações coordenadas de um agente coletivo que surge para favorecer a divisão técnica do trabalho e suas especializações, as equipes multidisciplinares.

A partir da década de 1950 o serviço social experimentará novas teorias, métodos e técnicas – em especial sob influências internacionais – que facilitarão sua pretensão em desenvolver-se no sentido do planejamento, organização e gestão de programas assistenciais. Este fato representa um novo instrumental de afirmação teórica à profissão.

Considerados os aspectos históricos, sociais, econômicos e políticos aos quais nos dedicamos ao longo de nossa trajetória nessa obra, é evidente que os sucessivos aspectos aos quais estão submetidos o desenvolvimento da sociedade brasileira não deixariam de afetar a própria materialização da constituição da profissão de assistente social, visto que determinam a consolidação do próprio serviço social.

O projeto ético-político se constrói em um processo que se inscreve no conjunto de determinações sócio-históricas que viabiliza os suportes históricos para a superação do serviço social tradicional e o pluralismo profissional. As mesmas determinações sócio-históricas do instrumental profissional do/a assistente social têm relação com as determinações contemporâneas, pois suas interfaces ressignificam as múltiplas dimensões da instrumentalidade do serviço social.

No tocante a instrumentalidade no serviço social os saberes da constituição dos processos históricos da realidade social e da profissionalidade do serviço social, que se constitui no cotidiano da prática em um processo de construção e reconstrução da intervenção do/a assistente social sobre a realidade, se faz imprescindível e, diante de nossa caminhada já nos permite avançar.

A instrumentalidade perpassa o saber e compreender de referências teórico-metodológicas do sentido da análise fundamentada na ontologia do ser social baseada no trabalho, sendo este a objetivação precursora do ser social, uma vez que acumula em si determinações materiais e ideais da intencionalidade das ações humanas.

É a partir deste ponto que reconhecer conceitos sobre o conhecimento, a liberdade e a alienação se fazem precisos para nos reaproximarmos da presença conceitual da comunicação frente a instrumentalidade da/na prática do/a assistente social.

O conhecimento é, sem duvida, o principal instrumento de trabalho em toda e qualquer área de atuação, pois é este quem dá ao/a profissional real dimensão das diversas possibilidades de intervenção técnica. A compreensão da totalidade do objetivo de intervenção para o/a assistente social requer deste profissional um aparato técnico-metodológico específico que se associa à complexidade e concretude da realidade.

Conhecer um conjunto específico de saberes no reconhecimento das mediações que formatam a realidade a partir das múltiplas singularidades, universalidade e particularidades desta é essencial e, demarca o ponto de partida que romperá com uma prática alienada pela promoção do desenvolvimento das dimensões prático-formativas da profissão.

Da trajetória histórica da formação profissional do serviço social, a aquisição do conhecimento é o fator que permitiu e que, permanece neste papel na determinação da prática do/a assistente social na superação de ações alienadas de reprodução acrítica em prol de uma atuação livre e representativa, que atende às demandas que a ela se apresentam, traçando e alcançando objetivos com intencionalidade profissional.

Ao deixar o tradicionalismo e constituir as formas de consolidação da apreensão do método, das teorias e da relação que fazem com a prática, o serviço social representa a dimensão teórico-metodológica da instrumentalidade profissional, seguida do desenvolvimento da capacidade de análise da realidade e da sociedade no campo das relações contraditórias, considerado o caráter político do exercício profissional – profundamente destacado anteriormente – determinando a dimensão ético-política da formação cujo alinhamento à dimensão técnico-operativa se ajusta nos elementos técnicos e instrumentais operativos de uso direto da aplicação da intervenção do/a assistente social.

Considerando a mutabilidade da realidade, cada contexto histórico revela o modo de produção ativo e as relações de poder vigentes, o que determinará uma instrumentalidade do processo de trabalho que revela particularidades que convergirão para a construção do ser humano genérico ou sua alienação.

Cabe aqui uma breve dedicação à questão da ontologia do ser social em que consiste no conhecimento do "ser" em busca da essência deste e de suas ações para além do aparente, tendo por ponto de partida o que é real e, a partir da teoria social critica em Marx se construindo nas dimensões materiais constituídas na história da própria existência do ser humano e sua coexistência com a própria natureza humana – que é o trabalho, sendo dependente desta sociabilidade.

Ou seja, a construção do humano genérico vai à contramão da construção do ser humano alienado, o que pressupõe o desenvolvimento da capacidade teleológica de consciência para realizações e, portanto, para transformação consciente do mundo pela capacidade de construir de maneira reflexiva a ética enquanto um ser constituído na história.

Uma prática livre e consciente requer o desenvolvimento das capacidades humanas que somente o ser social é apto a revelar, pois somente o humano genérico é capaz de através do trabalho – enquanto categoria formada pelo mundo dos homens, romper com a categoria natural do uso dos instrumentos pela indução da mediação a estes.

Lembramos que, o trabalho é esse movimento que o ser humano realiza sempre que transforma a natureza em algo útil, ou seja, todas as vezes que pela mediação aplica sobre a natureza intenção, resultando em um produto com valor de uso e adaptado às necessidades do próprio ser humano, assim como diz Marx (2016, p. 94),

> Trabalho é um processo entre o homem e a natureza, um processo em que o homem, por sua própria ação, media, regula e controla seu metabolismo com a natureza [...] no fim do processo de trabalho obtém-se um resultado que já no início deste existiu na imaginação do trabalhador e, portanto, idealmente.

As capacidades do ser humano enquanto um ser constituído na história revela a competência ética da atividade humana que constituirá uma prática livre, consciente e histórica. As capacidades humanas genéricas revelam a práxis profissional do/a assistente social como fruto de um processo consciente, objetivo, livre, social e universal, em que a ciência do que se faz e se projeta denota conhecimento a respeito do que se vai realizar, sabendo escolher pela consciência das alternativas ao exercício profissional na dependência recíproca da ética estabelecida na relação entre o que é singular e o que é genérico.

Nesse movimento de atuar sobre a natureza, o ser humano modifica as coisas, e também modifica a si mesmo, produzindo um mundo material, concreto e ainda subjetivo, o que se revela na consciência, na linguagem, nos hábitos e costumes, nos valores, na moral e na própria ética e no *"modus operandi"* da atuação técnica, como exemplos desse movimento chamado trabalho.

À medida que a profissão se concretiza de forma objetiva, o/a assistente social modifica e transforma condições objetivas e subjetivas de determinação da realidade social em seu cotidiano por meio da capacidade da instrumentalidade.

A instrumentalidade não possui relação exclusiva com o instrumental utilizado no cotidiano profissional, mas com a intencionalidade e, portanto, a manifestação das capacidades imbricadas aos instrumentos na prática profissional.

É preciso que reconheçamos que antes de ser profissional, o/a assistente social é ser social e as capacidades "humano genéricas" de formatação do próprio ser serão manifestas na efetivação da ação técnica deste ser revelando a práxis profissional ou limitando a atuação a uma prática alienada de reprodução do modo de produção capitalista.

Segundo Iamamoto (2009, p. 67),

> Assim, o serviço social é socialmente necessário porque ele atua sobre as questões que dizem respeito a sobrevivência social e material dos setores majoritários da população trabalhadora. Viabiliza o acesso não só a recursos materiais, mas as ações implementadas incidem sobre as condições de sobrevivência social dessa população. Então, não resta dúvida de que o serviço social tem um papel no processo de reprodução material e social da força de trabalho.

Os processos de trabalho implicam uma orientação e finalidade que responda às necessidades históricas do momento vivido e, assim, denotam a necessidade de um pôr teleológico através do qual se efetivará a projeção consciente do resultado de diversas alternativas e, a escolha pela alternativa mais adequada e/ou viável para atender à realidade apresentada revela a práxis profissional.

No sistema socioeconômico capitalista, à proporção em que o mundo das coisas é valorado, o mundo dos homens é desvalorizado, esse movimento se materializa sempre que mais riqueza é produzida pelo homem que fica mais pobre enquanto a produz, pois não é proprietário do fruto do seu trabalho, apenas de sua mão de obra; sendo mero executor de atividades.

Na expectativa da manutenção dessa relação um conjunto de regulação social é instituído e ações pragmáticas, imediatistas que objetivam eficácia e eficiência invés de valores e princípios se concretizam, tornando a prática profissional alienada.

Considere o seguinte, se a utilidade de uma profissão está diretamente relacionada às necessidades sociais; enquanto se transforma a sociedade pro seus processos históricos se revelam as ideologias de manutenção, produção e reprodução materiais de existência dessa própria sociedade.

Ou seja, nessa perspectiva o serviço social insere-se como já dito anteriormente na divisão sociotécnica do trabalho para planejar, implementar e avaliar políticas sociais a fim de atenuar as expressões da questão social. O que segundo Raichelis (2009, p. 380) determina,

> As principais mediações profissionais (que não são as únicas) são, portanto, as políticas sociais, que apesar de historicamente revelarem sua fragilidade e pouca efetividade no equacionamento das respostas requeridas pelo nível crescente de pobreza e desigualdade social, têm sido a via por excelência para as classes subalternas terem acesso, mesmo que precários e insuficientes aos serviços sociais públicos.

Poderíamos afirmar que desse contexto as ações profissionais do/a assistente social poderiam se resumir a intervenções fragmentadas, no entanto, o reconhecimento de procedimentos instrumentais de manejo das demandas e realidades rompe com a prática exclusivamente instrumental acrítica, avançando a uma atuação que integra elementos teóricos, políticos e éticos do fazer profissional, competindo alcance da eficiência e eficácia da profissão e, materializando a práxis profissional que se configura no exercício crítico, onde predomina a reflexão em detrimento da racionalidade técnica.

Ora, vejamos em que consiste a práxis profissional se não em atividades ora teóricas, ora práticas, no entanto, sem lacuna entre elas, mas em unidade. É nos processos teóricos que se constituem os conceitos, no entanto, não há transformação da realidade sem que os conceitos sejam representativos, ou seja, sem que tenha significado aos sujeitos.

Assim, temos a dualidade, teoria e prática, em que a teoria é equivalente à produção de conhecimento e seu objeto é subjetivo e se constitui no campo do ideal, e, a prática é a atividade de caráter real e concreta, do objetivo da matéria prima sobre a qual o/a profissional atua e, ainda dos instrumentos com que se exerce sua atuação.

As atividades desempenhadas pelos/as assistentes sociais podem aparentemente revelar um conjunto de práticas de significado singular quando, na verdade, expressam a essência da história de demandas heterogêneas inseridas na dinâmica da vida social, na qual participam e transitam em constante movimento diversas forças políticas. Pensar a práxis profissional é saber que compete ao assistente social cotidianamente desenvolver e aprimorar sua capacidade de leitura da realidade, de forma clara observando as mudanças que imperam tanto na sociedade de um modo geral como na sua rotina de atuação profissional.

Para além do referencial teórico profissional, para atender às demandas práticas do cotidiano de atuação o/a assistente social tem no instrumental técnico-operativo a aplicação da dimensão técnica em que transita o debate do campo da intervenção para o campo social, onde operacionaliza a ação. Em outras palavras, diremos que os instrumentos técnico-operativos, representam um conjunto de procedimentos técnicos necessários à efetivação da ação profissional do/a assistente social, sendo empregados com a finalidade de dar vida à intervenção com vistas à produção de mudanças no cotidiano da vida social dos sujeitos.

Para as ações de intervenção o/a assistente social precisa dar concretude às ações e ela faz isso através de conhecimento, informação, habilidade e instrumentais técnicos, sendo este último exigência para a efetivação da referida ação interventiva. Os instrumentos utilizados no serviço social são dinâmicos, criados e recriados conforme o objetivo e a exigibilidade da ação técnica do profissional, considerando sempre que a instrumentalidade é mutável de acordo com o objetivo estabelecido pelo/a assistente social.

De acordo com Iamamoto (2009), o/a assistente social se utiliza de dois principais instrumentos de trabalho: o conhecimento representativo da base teórico-metodológica, e a linguagem — como recurso básico não apenas do/a assistente social, mas de todo e qualquer profissional, na articulação da comunicação entre eles e o sujeito com o qual interagem. O conhecimento está para a qualificação profissional que o/a assistente social necessita para conhecer a realidade social, econômica, cultura, e/ou política com a qual irá trabalhar. Ou seja, para conhecer o objeto de sua intervenção profissional, que são as expressões da questão social o/a assistente social deve conhecer e, para isso terá que revelar sua capacidade de desenvolver uma leitura crítica através da qual perceberá a dinâmica da sociedade para além das aparências, de modo que apreenda a essência do real que o possibilite idealizar construções profissionais. Se assim não for, o/a assistente social revela uma prática profissional desqualificada.

Desvelar a realidade por sucessivas aproximações dos processos sociais revela essas etapas como indissociáveis no exercício profissional, o ratificamos em Iamamoto (2009, p. 101),

> [...] é fundamental avançar no conhecimento da população a quem se dirigem os serviços profissionais: o estudo das classes sociais no Brasil e, em especial, das classes subalternas, em condições materiais e subjetivas, considerando as diferenças internas e aquelas decorrentes de relações estabelecidas com os distintos segmentos do capital e com os proprietários fundiários.

Quando o/a assistente social assume em seu cotidiano uma postura critica, sob uma perspectiva de reflexão teórica, ética e política, é capaz de planificar o fazer profissional com ampla propriedade, construindo metodologias de ação que se revelam em instrumentos e técnicas de intervenção social. É aqui que o/a assistente social revela o exercício da função mediadora de seu trabalho em que articula a condição intelectual de conciliar interesses antagônicos.

Revelamos aqui o que já fora demonstrado por outros/as autores/as do serviço social e, portanto, não significa novidade, mas que para o objeto desta obra é necessário destacar: o serviço social tem como instrumento de base para sua efetivação prática no cotidiano dos/as assistentes sociais a linguagem.

Da dimensão técnico-operativa em que a competência técnico-profissional se relaciona diretamente com a apropriação do conhecimento e desenvolvimento das habilidades técnicas que embasarão as ações profissionais junto ao público-alvo da atuação profissional emerge a garantia da qualificação profissional.

Da dimensão ético-política, se revelam os valores morais e éticos que afirmam a prática e ações profissionais do/a assistente social em consonância com o projeto ético-político profissional de que tratamos neste subtítulo.

Estabelecidos estes parâmetros de reconhecimento, podemos "identificar duas categorias de linguagens comumente utilizadas pelo serviço social: a linguagem oral ou direta e a linguagem escrita ou indireta" (Souza, 2008, p. 126).

Não intentamos discorrer profundamente sobre o tema, mas não poderíamos deixar de tratá-los à medida de suas determinações na efetivação prática da atuação profissional, visto que esses dois tipos de linguagem, são constantes no cotidiano dos/as assistentes sociais.

Na percepção quanto o uso dos instrumentos indiretos de trabalho do/a assistente social identificamos a interação passiva da relação da comunicação do locutor com o interlocutor visto que não requer da interação face a face, para se constituir, conduzindo a uma comunicação unilateral. Em contraponto na utilização de um instrumental de comunicação direta, em que seja a interlocução face a face o objeto da ação de intervenção, os agentes envolvidos terão facilitada a interpretação da mensagem das ações interventivas propostas.

Vamos nos apoiar na fala de Guerra (2000, p. 2) que aponta que,

> [...] na medida em que os profissionais utilizam, criam, adéquam às condições existentes, transformando-as em meios/instrumentos para a objetivação das intencionalidades, suas ações são portadoras de instrumentalidade. Deste modo, a instrumentalidade é tanto condição necessária de todo trabalho social quanto categoria constitutiva, um modo de ser, de todo trabalho.

A propositura a que estamos nos dispondo não pretende mostrar-se inédita, visto que já foi afirmada por outros profissionais, intenciona, no entanto, dar destaque e ratificar que a instrumentalidade é o campo de mediação que, segundo Guerra (2000, p. 13)

> [...] no exercício profissional o assistente social [...] constrói um certo modo de fazer que lhe é próprio e pelo qual a profissão torna-se reconhecida socialmente. Produz elementos novos que passam a fazer parte de um acerto cultural (re)construído pelo profissional e que se compõe de objetos, objetivos, princípios, valores, finalidades, orientações políticas, referencial teórico, teórico-metodológico, ideo-cultural e estratégico, perfis de profissional, modos de operar, tipos de respostas; projetos profissionais e societários, racionalidades que se confundem e direção social hegemônica etc.

Aqui se revela o lugar do profissional de serviço social com destaque ao fato de que este atua de forma objetiva sobre o cotidiano das classes subalternizadas de modo a produzir um conhecimento sobre essa realidade, o que afirma Souza (2008, p. 22) dar "real possibilidade de produzir um conhecimento [...]. E esse conhecimento é, sem dúvida, o seu principal instrumento de trabalho, pois lhe permite ter a real dimensão das diversas possibilidades de intervenção profissional.

Aqui subsiste a importância da ratificação proposta no título que trata da consolidação do projeto ético-político profissional do assistente social pela comunicação na prática cotidiana deste profissional; uma vez que "as intervenções sociais dependem de como cada profissional assimila, compreende, e/ou critica a realidade na qual se insere, da sua visão de mundo e de como são suas articulações interdisciplinares" (Cardoso, 2008, p. 18). A importância da instrumentalidade envolve tanto o conhecimento assimilado na formação (acadêmica e de especializações) como na atuação profissional (relacionadas às capacidades de criação e produção).

Deste modo, seja no uso dos instrumentos diretos ou indiretos de trabalho, o/a assistente social terá em sua prática sempre presente a linguagem e a comunicação como processos comunicativos de interação que se desenvolverão em especial à medida da orientação e acompanhamento ao sujeito da ação profissional, uma vez que, a ação do/a assistente social segundo destaca Mioto (2009, p. 500) "está centrada nos usuários, enquanto sujeitos de direito".

Agora, se já mencionamos a comunicação enquanto direito humano e os processos associados e esse alinhamento conceitual, agora nos compete trabalhar a socialização das informações embasada na garantia do direito à informação destacada desde o primeiro capítulo, à medida de um processo que propicie ao usuário a construção de uma consciência crítica.

Segundo Silva (2000, p. 124 apud MIOTO, 2009, p. 502), "a socialização das informações é um componente fundamental para a viabilização de direitos, pois se apresenta como uma ação de fortalecimento do usuário para acessar esses direitos e para mudar a sua realidade".

Vamos resgatar. Todo projeto profissional associa-se a um projeto societário e, o projeto societário revela o desejo de sociedade do coletivo a partir das particularidades a que estamos implicados enquanto sujeitos sociais e ser genérico.

Neste sentido, é fundamental a construção e desenvolvimento de processos de socialização e reflexão visto que representam ações de fortalecimento do usuário no sentido da mudança de realidade. Consiste o processo reflexivo em uma via de mão dupla, na qual o/a assistente social intenta na mediação com o usuário, respostas para as necessidades que se apresentam, sejam estas imediatas ou não.

É neste processo dialógico de problematizações, que se estabelece as condições para que os sujeitos do atendimento elaborem consciência critica a despeito de sua noção de mundo. Podemos afirmar que se trata de um processo educativo, no qual o/a usuário/a ao receber as informações as assimila, reflete sobre elas e desse processo desenvolve – à medida de suas limitações e potencialidades – autonomia para preencher lugar na sociedade, tomar decisões de protagonismo sobre sua vida e avançar no reconhecimento de sua cidadania.

Neste ponto, queremos aproveitar para destacar a importância do tema dos avanços de desenvolvimento das novas tecnologias de comunicação e informação – NTIC's – que representam instrumentos de interação e integração no exercício da profissão, posto que os meios de comunicação da sociedade tecnológica se atualizam e modificam à medida que provocam também transformações na própria linguagem que deriva das mediações comunicacionais.

O que sabemos é que em especial nas últimas duas décadas – talvez um pouco mais, as transformações e, principalmente, as inovações tecnológicas no setor das comunicações e transmissão de informações estão intrinsecamente alinhadas à mundialização do capital. O controle e organização da expressão do imaginário está sob o domínio da "indústria da comunicação" e de suas linguagens comunicacionais.

Nesse sentido, compete assim ao/a assistente social preparo adequado quanto as diferentes possibilidades do uso da linguagem que não pode permanecer restrito ao período de formação acadêmica inicial, mas necessariamente deve acompanhar este profissional no decorrer de sua prática em um processo de formação continuada, no que tange a necessidade de um domínio amplo e que preencha sua prática de forma a garantir a superação de limites no alcance dos objetivos profissionais.

Ampliar e qualificar o uso da linguagem e, portanto, da prática da comunicação na perspectiva do instrumento de trabalho do/a assistente social deve ser objeto de atenção profissional visto que esses instrumentais representam lugar de importância no exercício das competências técnicas do/a assistente social.

Magalhães (2011, p. 30) julga a linguagem como "o instrumento número um de todos os profissionais que atuam nas áreas de ciências humanas e sociais. Ela é, na verdade, o mais importante elo do processo comunicativo que se dá nas interações socioprofissionais". Assim, como instrumento de trabalho, a linguagem além de estar para a competência profissional do/a assistente social, também está presente nas atribuições privativas quando estas revelam no texto da Lei 8.662 de 1993 (CFESS; ABEPSS, 2011, p. 44)

> Art. 4º Constituem competências do Assistente Social: I - elaborar, implementar, executar e avaliar políticas sociais junto a órgãos da administração pública, direta ou indireta, empresas, entidades e organizações populares; II - elaborar, coordenar, executar e avaliar planos, programas e projetos que sejam do âmbito de atuação do Serviço Social com participação da sociedade civil; III - encaminhar providências, e prestar orientação social a indivíduos, grupos e à população; IV - (Vetado);V - orientar indivíduos e grupos de diferentes segmentos sociais no sentido de identificar recursos e de fazer uso dos mesmos no atendimento e na defesa de seus direitos; VI - planejar, organizar e administrar benefícios e Serviços Sociais; VII - planejar, executar e avaliar pesquisas que possam contribuir para a análise da realidade social e para subsidiar ações profissionais; VIII - prestar assessoria e consultoria a órgãos da administração pública direta e indireta, empresas privadas e outras entidades, com relação às matérias relacionadas no inciso II deste artigo; IX - prestar assessoria e apoio aos movimentos sociais em matéria relacionada às políticas sociais, no exercício e na defesa dos direitos civis, políticos e sociais da coletividade; X - planejamento, organização e administração de Serviços Sociais e de Unidade de Serviço Social; XI - realizar estudos socioeconômicos com os usuários para fins de benefícios e serviços sociais junto a órgãos da administração pública direta e indireta, empresas privadas e outras entidades.

Art. 5º Constituem atribuições privativas do Assistente Social: I - coordenar, elaborar, executar, supervisionar e avaliar estudos, pesquisas, planos, programas e projetos na área de Serviço Social; II - planejar, organizar e administrar programas e projetos em Unidade de Serviço Social; III - assessoria e consultoria e órgãos da Administração Pública direta e indireta, empresas privadas e outras entidades, em matéria de Serviço Social; IV - realizar vistorias, perícias técnicas, laudos periciais, informações e pareceres sobre a matéria de Serviço Social; V - assumir, no magistério de Serviço Social tanto em nível de graduação como pós-graduação, disciplinas e funções que exijam conhecimentos próprios e adquiridos em curso de formação regular; VI - treinamento, avaliação e supervisão direta de estagiários de Serviço Social; VII - dirigir e coordenar Unidades de Ensino e Cursos de Serviço Social, de graduação e pós-graduação; VIII - dirigir e coordenar associações, núcleos, centros de estudo e de pesquisa em Serviço Social; IX - elaborar provas, presidir e compor bancas de exames e comissões julgadoras de concursos ou outras formas de seleção para Assistentes Sociais, ou onde sejam aferidos conhecimentos inerentes ao Serviço Social; X - coordenar seminários, encontros, congressos e eventos assemelhados sobre assuntos de Serviço Social; XI - fiscalizar o exercício profissional através dos Conselhos Federal e Regionais; XII - dirigir serviços técnicos de Serviço Social em entidades públicas ou privadas; XIII - ocupar cargos e funções de direção e fiscalização da gestão financeira em órgãos e entidades representativas da categoria profissional.

Sem linguagem não há atividade profissional. Ao atender, orientar, encaminhar, observar, e em toda e qualquer atividade profissional – não só do/a assistente social – a linguagem é um meio de trabalho que demanda conhecimento não apenas do tema a ser abordado, mas da ferramenta de uso e ainda da linguagem aplicada ao processo o que requer investimento contínuo e por isso pode se mostrar em um desafio pessoal/profissional.

Isto posto, podemos afirmar que ao/a assistente social é indispensável a habilidade de escrever e falar com esmero e destreza, e logo, comunicar-se com outrem de maneira articulada e bem sucedida. A essa aptidão atribui-se a capacidade de saber articular a teoria à prática de modo que a simultaneidade desse fluxo resulte em um método de expressão lógico e racional que lhe garanta associar essa operacionalidade à instrumentalidade.

86 | Comunicação e a Prática do/a Assistente Social

Sem linguagem não há direito. Constitucionalmente tanto receber quanto proferir informações é um direito, no entanto, por causa das falhas na igualdade e autonomia da cidadania brasileira, algumas dificuldades em pôr em prática tal liberdade democrática associada à informação – como antes já abordamos – são um fato. Conforme confirma o texto da constituição federal (Brasil, 1988)

> Capítulo V - Da Comunicação Social Art. 220. A manifestação do pensamento, a criação, a expressão e a informação, sob qualquer forma, processo ou veículo, não sofrerão qualquer restrição, observado o disposto nesta Constituição.

Ademais, o desafio imposto ao/a assistente social é o de adequar os seus instrumentos, no caso a linguagem, em todas as situações de modo que garanta que para cada sujeito e ocasião a variedade e diversidade sejam preservadas à luz da efetiva equidade do atendimento. Disto dependerá que o/a assistente social tenha domínio da multiplicidade de linguagens e das aptidões de competências técnicas no uso da linguagem, para que de acordo com as funções e atividades nas quais se encontra, possa aplicar as especificidades necessárias.

O projeto ético-político do serviço social é claro e específico ao expressar o compromisso profissional que consiste, segundo Netto (1999, p. 104) no fato de que ele

> tem em seu núcleo o reconhecimento da liberdade como valor ético central – a liberdade concebida historicamente, como possibilidade de escolher entre alternativas corretas; daí um compromisso com a autonomia, a emancipação e a plena expansão dos indivíduos sociais. Consequentemente, o projeto profissional vincula-se a um projeto societário que propõe a construção de uma nova ordem social, sem dominação e/ou exploração de classe, etnia e gênero.

Destarte, a relação estabelecida da comunicação e a instrumentalidade evidencia a reafirmação constante do projeto ético-político profissional a partir de intervenções qualificadas, éticas e comprometidas socialmente.

CONSIDERAÇÕES FINAIS

4. UM POUCO PR'AGORA UM POUCO MAIS PARA DEPOIS

É pressuposto inarredável que os saberes, sejam estes quais foram estão sujeitos a um constante movimento de construção e reconstrução, que precisam ser revisitados à medida do contexto de sua aplicação.

A medida das concepções estabelecidas sobre a comunicação como um instrumento estratégico na configuração e desenvolvimento da sociedade e, por conseguinte no processo ao estabelecimento de novos modelos de sociedades, também a identificamos como campo estratégico de desenvolvimento de poder político em que se desenvolva a cidadania.

Sabemos que a comunicação ocupa papel de centralidade no fundamento de uma sociedade organizada e, que impacta de modo objetivo os sujeitos sociais, seja para a reprodução do caráter de direcionamento ideológico de uma comunicação de massa, seja pela produção da reflexão e de conhecimento.

Tendo em vista o caráter alienante de uma comunicação que imprime sobre a população influências do grupo dominante da sociedade e, em consequência dos meios de comunicação, dissemos que, iniciativas de atividades que promovam o desenvolvimento de capacidades critico reflexivas dos sujeitos são fundamentais para o estabelecimento de transformações sociais que consolidem uma mudança de ordem. Está em pauta a reflexão sobre as relações sociais à luz de um resgate sócio-histórico das transformações que constituem a sociedade contemporânea que decorre do processo de produção capitalista.

É importante também considerarmos que a comunicação se expressa na linguagem e que toda interação interpessoal revelada no contexto das relações entre seres humanos a manifesta de modo que não seria diferente nas relações estabelecidas entre o/a profissional e o/a usuário/a de sua ação.

Deste modo, linguagem e comunicação são imprescindíveis à formação do/a profissional de serviço social posto que são caracterizados como instrumentos de importância singular no cotidiano da práxis quando recaí sobre o/a assistente social a demanda de competência em estabelecer diversas maneiras a comunicar-se.

No bojo dos compromissos éticos do/a profissional de serviço social repousa o assegurar dos direitos e, logo o compromisso em assegurar ao/a usuário/a da ação do/a assistente social, condições promissoras para que estes alcancem a capacidade da tomada de decisões de modo autônomo, por uma experiência crítico-reflexiva e consciente, com vistas ao protagonismo dos sujeitos.

Na condução diretiva do código de ética do/a assistente social (2011, p. 29-30)

> Art. 5º São deveres do/a assistente social nas suas relações com os/as usuários/as: a- contribuir para a viabilização da participação efetiva da população usuária nas decisões institucionais; b- **garantir a plena informação** e discussão sobre as possibilidades e consequências das situações apresentadas, respeitando democraticamente as decisões dos/as usuários/as, mesmo que sejam contrárias aos valores e às crenças individuais dos/as profissionais, resguardados os princípios deste Código; c- **democratizar as informações** e o acesso aos programas disponíveis no espaço institucional, **como um dos mecanismos** indispensáveis à participação dos/as usuários/as; d- devolver as informações colhidas nos estudos e pesquisas aos/às usuários/as, no sentido de que estes possam usá-los para o fortalecimento dos seus interesses; e- informar à população usuária sobre a utilização de materiais de registro audiovisual e pesquisas a elas referentes e a forma de sistematização dos dados obtidos; f- fornecer à população usuária, quando solicitado, informações concernentes ao trabalho desenvolvido pelo Serviço Social e as suas conclusões, resguardado o sigilo profissional; g- contribuir para a criação de mecanismos que venham desburocratizar a relação com os/as usuários/as, no sentido de agilizar e melhorar os serviços prestados; h- esclarecer aos/às usuários/as, ao iniciar o trabalho, sobre os objetivos e a amplitude de sua atuação profissional.(grifos da autora)

Isto significa que no cotidiano, o/a assistente social terá de assimilar prerrogativas específicas na interlocução com os usuários que materiali-

Considerações Finais | 89

zarão no decorrer do diálogo e problematização os princípios profissionais que reconhece. Assim, o domínio da linguagem e comunicação é crucial para que o/a assistente social interponha a teoria e a prática.

A associação dos termos "garantir plena informação" e "democratizar as informações" a mecanismos de participação não estão expostos por simples analogia. Uma vez que o mesmo processo que fundamenta o sistema socioeconômico capitalista é que origina a cidadania, e, que esta por sua vez se configura no fundamento da desigualdade social, podemos afirmar que, para ser livre na ordem social contemporânea o ser humano necessita encontrar mediações que lhe permitam alcançar sua emancipação.

O/A assistente social ao comprometer-se pelo reconhecimento da liberdade como premissa ética inerente a esfera da vida política dos sujeitos, em defesa dos direitos humanos pela ótica da autonomia e emancipação estabelece parâmetros de aplicação prática à sua atuação. Em que pese o fato de que o exercício do serviço social alinha objetivo do projeto ético-político profissional ao projeto de ordem social de que devem partilhar os profissionais da área.

As atuais diretrizes curriculares da Associação Brasileira de Ensino de Serviço Social – ABEPSS – expressão não somente os diversos avanços na trajetória de fomento e consolidação do entendimento da profissão, mas também direcionam a formação de um perfil profissional com

> capacitação teórico-metodológica, ético-política e técnico-operativa para a apreensão teórico-crítica do processo histórico como totalidade. Considerando a apreensão das particularidades da constituição e desenvolvimento do capitalismo e do Serviço Social na realidade brasileira. Além da percepção das demandas e da compreensão do significado social da profissão; e o desvelamento das possibilidades de ações contidas na realidade e no exercício profissional que cumpram as competências e atribuições legais. (ABEPSS, 2014, p. 02-03)

A partir disso, depreende-se que o/a profissional de serviço social, deve considerar o processo de comunicação na atualidade para que no enfrentamento do cotidiano os limites e possibilidades a que está sujeito não lhe empeçam, mas lhe auxiliem a interpor ações pelo uso de recursos de linguagens adequadas que impliquem na dinâmica social com efeito.

Arrais (2011, p. 356) afirma que a comunicação se constitui

> [...] num setor estratégico não só para os comunicadores, mas para todos os intelectuais, profissionais e estudiosos comprometidos com a agregação de valores e saberes que facilitem os processos interativos e a mediação da sociedade civil com a opinião pública, o poder do Estado e a sociedade em geral.

Deste modo, torna-se mister que linguagem e comunicação sejam categorias centrais de debate sobre a instrumentalidade da prática profissional do/a assistente social na ótica da consolidação da dimensão técnico-operativa própria do serviço social.

Destacamos que, está em foco também a participação frente a condição efetiva de um público alvo à atuação do/a assistente social e, que de toda a relação estabelecida no desenvolvimento do tema proposto, é o usuário da ação técnica parte no movimento dialógico que envolve a comunicação.

Não se trata, porém apenas de uma ordinária habilidade e competência da pessoa humana o uso da linguagem para a participação social nos moldes do exercício da cidadania de que tratam as definições aqui propostas. Se trata de associar teorias de base sem as quais não se verá florescer consciência critica para formação de uma visão de mundo cuja perspectiva revele o real, mas também vislumbre o novo e ideal.

Na base das interações e relações sociais, o desafio consiste em interpretar a realidade e, concomitantemente a este processo, desenvolver estratégias de intervenção que circulem as dimensões teórico-metodológica, técnico-operativa e ético-política do serviço social, tanto em defesa das qualificações e funções profissionais, quanto em resposta às demandas reveladas. Em um quadro revela a precarização das condições de vida em contra partida ao amplo desenvolvimento das novas tecnologias da informação e comunicação, no qual se acentuam as desigualdades e se renovam as expressões da questão social.

Correia (2011, p. 365) afirma que

> [...] dentre as habilidades operacionais cada vez mais requisitadas pelo mercado de trabalho em constante transformação, estão, sem dúvida, o manejo eficiente e eficaz das ferramentas da comunica-

ção, a análise do discurso midiático e o uso de recursos didáticos nas ações socioeducativas do assistente social.

Isto porque, há uma complexidade na conjuntura societária atual que afirma o/a assistente social como o profissional cujo trabalho compreende conhecimentos de análise conjuntural que se consolidam na instrumentalidade da prática.

À vista disso, a comunicação não é apenas uma ferramenta da prática profissional do/a assistente social é a categoria que compete instrumentalidade aos instrumentos e técnicas da atuação através da qual se materializa a práxis profissional em que o projeto ético-político profissional, sendo a materialização de um complexo de ideais e procedimentos teórico-metodológicos em perspectiva de um ideário identitário de sociedade o qual só pode se materializar pela propagação deste se revela. Dessarte, os processos comunicativos são a terra fértil à germinação da semente de transformação social da qual o assistente social é o semeador.

Um pouco pr'agora um pouco pra depois trata de apontar o pressuposto de que a relação da comunicação com a prática profissional do/a assistente social se subscreve no compromisso com a reafirmação e consolidação do projeto ético-político profissional.

Distante da possibilidade de determinar um único caminho para a relação da comunicação com a prática profissional do/a assistente social no compromisso com a reafirmação e consolidação do projeto ético-político profissional, este livro buscou brevemente apontar debates e humildemente clarificar conceitos ainda tão pouco explorados e, menos ainda sistematizados na profissão sobre esse tema.

REFERÊNCIAS

ABEPSS – Associação Brasileira de Ensino e Pesquisa em Serviço Social. Diretrizes Gerais para o curso de Serviço Social. Rio de Janeiro: ABEPSS, Novembro de 1996, p. 3-21.

ABEPSS. *Projeto ABEPSS Itinerante. Estágio Supervisionado em Serviço Social*: desfazendo nós e construindo alternativas. mimeo, 2014.

ABESS/CEDEPSS. *Caderno ABESS* n. 07. Caderno Especial: Formação Profissional: trajetórias e desafios. Cortez, São Paulo: 1996.

ABREU, Mariana Maciel. Apresentação da Revista Temporalis. Diretrizes Curriculares do Curso de Serviço Social: sobre o processo de implementação. *Revista Temporalis*, n. 14. Ano VII, jul-dez. 2007.

AGUIAR, A. Serviço Social e Filosofia: Das origens a Araxá. São Paulo: Cortez, 2011.

AKERMAN, M. Saúde e desenvolvimento local: princípios, conceitos, práticas e cooperação técnica. São Paulo: Hucitec, 2005.

AMMANN, S. B. Ideologia do desenvolvimento de comunidade no Brasil. 10ª ed. São Paulo: Cortez, 2003.

ARBEX, José. Uma outra comunicação é possível (e necessária). In: MORAES, Dênis de (Org.). Por uma outra comunicação – Mídia, mundialização cultural e poder. 4ª edição. Rio de Janeiro: Record, 2009, p. 385-400.

ARRAIS, Dianne Figueiredo. Cultura midiática e Serviço Social: uma convivência necessária. In: RUIZ, Jefferson Lee de Souza; SALES, Mione Apolinário (Org.). Mídia, Questão Social e Serviço Social. 3ª edição. São Paulo: Cortez, 2011, p. 344-357.

BALLY, Charles; SECHEHAYE, Albert (Org.). Curso de Linguística Geral. São Paulo: Cultrix, 2006, p. 15-25.

BAUER, Martin W.; GASKELL, George. Entrevistas individuais e grupais. In: GASKELL, George. Pesquisa qualitativa com texto, imagem e som: um manual prático. 7ª edição. Petrópolis: Editora Vozes, 2008, p. 64-89.

BAUER, Martin W.; GASKELL, George. Qualidade, quantidade e interesses do conhecimento – Evitando confusões. In: BAUER, Martin W.; GASKELL, George; ALLUM, Nicholas C. Pesquisa qualitativa com texto, imagem e som: um manual prático. 7ª edição. Petrópolis: Editora Vozes, 2008, p. 17-36.

BEDREGAL, T. F. Comunicación para el desarrollo sostenible. La Paz: Plural; Lidema, 2002.

BELTRÁN, L. R. Adeus a Aristóteles.Comunicação e Sociedade: revista do Programa de Comunicação. S.B.do Campo: UMESP, n. 6, p. 5-35. Set. 1981.

BELTRÁN, L. R. Premisas, objetos y métodos foráneos en la investigación sobre comunicación en América Latina. Órbita 22, Caracas, p. 3-55, dez.-jul. 1978.

BOBBIO, Norberto. A era dos direitos.Rio de Janeiro: Campus, 1992.

BORDENAVE, J. D. La teoría de la comunicación y el desarrollo rural: una breve reseña. In: GUMUCIO-DAGRON, A. G.; TUFTE, T. (Orgs.). Antología de comunicación para el cambio social. Lecturas históricas e contemporáneas. La Paz: Plural, 2008. p. 220-231.

BRASIL. Constituição da República Federativa do Brasil, 1988.

BRITTOS, Valério Cruz. Midiatização e produção tecnológico-simbólica no capitalismo contemporâneo. In: MORAES, Dênis de (Org.). Mutações do visível: da comunicação em massa à comunicação em rede. Rio de Janeiro: Pão e Rosas, 2010, p. 53-76.

BUBER, Martin. Sobre comunidade. Seleção e introdução de Marcelo Dascal e Oscar Zimmermann. São Paulo: Perspectiva, 1987.

BUENO, Francisco da Silveira. Silveira Bueno: minidicionário da língua portuguesa. São Paulo: FTD, 2000, p. 473. 90.

CAPPARELLI, Sérgio; LIMA, Venício A. de. As comunicações no Brasil pós-globalizado: continuidade ou mudança. In:_____. Comunicação e Televisão – Desafios da pós-globalização. São Paulo: Hacker Editores, 2004, p. 11-59.

CARAMASCHI, Sandro. Comunicação não-verbal e exclusão social. In: COELHO, Jonas Gonçalves; VICENTE, Maximiliano Martin (Org.). Pensamento e Linguagem – Subjetividade, Comunicação e Arte. São Paulo: Editora Unesp, 2008, p. 113-124.

CARDOSO, F. H.; FALETO, E. Dependência e desenvolvimento na América Latina: ensaio de interpretação sociológica. 6ª ed. Rio de Janeiro: Zahar, 1981.

94 | Comunicação e a Prática do/a Assistente Social

CARDOSO, Gustavo. De comunicação em massa à comunicação em rede: modelos comunicacionais e a sociedade de informação. In: MORAES, Dênis de (Org.). Mutações do visível: da comunicação em massa à comunicação em rede. Rio de Janeiro: Pão e Rosas, 2010, p. 23-52.

CARDOSO, Maria de Fátima Matos. Reflexões sobre Instrumentais em Serviço Social: observação sensível, entrevista, relatório, visitas e teorias de base no processo de intervenção social. São Paulo: LCTE Editora, 2008.

CEREJA, William Roberto; MAGALHÃES, Thereza Cochar. Comunicação e intencionalidade discursiva. In:_____. Gramática Reflexiva – Texto, Semântica e Interação. 2ª edição. São Paulo: Atual Editora, 2005, p. 29-42.

CEREJA, William Roberto; MAGALHÃES, Thereza Cochar. Linguagem, comunicação e interação. In:_____. Gramática Reflexiva – Texto, Semântica e Interação. 2ª edição. São Paulo: Atual Editora, 2005, p. 18-28.

CFESS; ABEPSS. Unidade IV – O significado do trabalho do assistente social nos distintos espaços sócios-ocupacionais. In:_____. Serviço Social: direitos sociais e competências profissionais. 1ª edição. Brasília: CFESS e ABEPSS, 2009, p. 340.

CFESS; ABEPSS. Unidade V – Atribuições privativas e competências do assistente social. In:_____. Serviço Social: direitos sociais e competências profissionais. 1ª edição. Brasília: CFESS e ABEPSS, 2009, p. 480. 91.

CFESS. Código de ética do assistente social. Brasília: CFESS, 2011.

CFESS MANIFESTA – 3º Seminário Nacional de Comunicação CFESS--CRESS. Recife, 4 e 5 de setembro de 2013. Gestão Tempo de Luta e Resistência.

CHALHUB, Samira. A mensagem das funções da linguagem. In:_____. Funções da Linguagem. 9ª edição. São Paulo: Editora Ática, 1999, p. 5-8.

CHALHUB, Samira. Ler o universo em linguagem. In:_____. A Meta-Linguagem. 3ª edição. São Paulo: Editora Ática, 1997, p. 5-10.

CHAPARRO, M. C. Viejos y nuevos paradigmas. In: MELO, J. M.; GONÇAL-VES, E.; BIZELLI, J. L. (Orgs.). Comunicação para o desenvolvimento: pensamento e ação. Araraquara: Cultura Acadêmica Editora, 2012. p. 19-41.

CHAUI, Marilena. Convite à filosofia. São Paulo: Ática: 1995.

CIMADEVILLA, G. Crítica a la razón intervencionista, la comunicación y el desarrollo sustentable. Buenos Aires: Prometeo Libros, 2004.

COELHO, Jonas Gonçalves. Pensamento, linguagem e a relação mente e corpo: considerações obre Descartes. In: COELHO, Jonas Gonçalves;VICENTE, Maximiliano Martin (Org.). Pensamento e Linguagem – Subjetividade, Comunicação e Arte. São Paulo: Editora Unesp, 2008, p. 15-22.

COELHO, Jonas Gonçalves;VICENTE, Maximiliano Martin (Org.). Prefácio. In:_____. Pensamento e Linguagem – Subjetividade, Comunicação e Arte. São Paulo: Editora Unesp, 2008, p. 7-14.

COMBESSIE, Jean-Claude. A entrevista semidirigida. In:_____. O método em sociologia: o que é, como faz. 1ª edição. São Paulo: Loyola, 2004, p. 41-53.

CORREIA, Claudia. Desafios da Comunicação para o Serviço Social. In: RUIZ, Jefferson Lee de Souza; SALES, Mione Apolinário (Org.). Mídia, Questão Social e Serviço Social. 3ª edição. São Paulo: Cortez, 2011, p. 358-374.

CRESWELL, John W. Métodos Qualitativos. In:_____. Projeto de pesquisa: métodos qualitativo, quantitativo e misto. 3ª edição. Porto Alegre: Artmed, 2010, p. 206-237.

CRESWELL, John W. Seleção de um Projeto de Pesquisa. In:_____. Projeto de pesquisa: métodos qualitativo, quantitativo e misto. 3ª edição. Porto Alegre: Artmed, 2010, p. 27-47.

Declaração Universal dos Direitos Humanos. ONU, 1948.

DELIBERADOR, Luzia M.Y.;Vieira, Ana C. R. Comunicação e educação para a cidadania em uma Cooperativa de Assentamento do MST. Trabalhoapresentado no NP Comunicação para a Cidadania. XXVIII Congresso Brasileiro de Ciências da Comunicação, promovido pela INTERCOM e realizado na Universidade Estadual do Rio de Janeiro, de 5 a 9 de setembro 2005. [CDRom].

DEMO, P. Combate à pobreza: desenvolvimento como oportunidade. Campinas: Autores Associados, 1996.

DEMO, Pedro. Participação é conquista. São Paulo: Cortez, 1988. DOWNING, John D.H. Mídia radical. São Paulo: Senac, 2002.

DIAZ Bordenave, Juan. Além os meios e das mensagens: introdução à comunicação como processo, tecnologia, sistema e ciência. Petrópolis: Vozes, 1983.

DOWBOR, L. A reprodução social: proposta para uma gestão descentralizada. 3ª ed. Petrópolis: Vozes, 2003. v. 3.

DOWBOR, L. Democracia econômica: um passeio pelas teorias. Fortaleza: BNB, 2007. DUPAS, G. Atores e poderes na nova ordem global: assimetrias, instabilidades e imperativos de legitimação. São Paulo: UNESP, 2005.

DURAN, J. C. G. (Org.). Sociologia do desenvolvimento. Rio de Janeiro: Zahar, 1967. FRANCO, A. Pobreza & desenvolvimento local. Brasília: AED, 2002.

ELY, Fabiana Regina. Serviço Social e interdisciplinaridade. In: Revista Katálysis, v. 6, n° 1, Janeiro/Junho 2003. Florianópolis: p. 113-117.

FÁVERO, Eunice Teresinha. Instruções sociais de processos, sentenças e decisões. In: CFESS; ABEPSS (Org.). Serviço Social: direitos sociais e competências profissionais. Unidade V: atribuições privativas e competências do Assistente Social. Brasília: CFESS/ABEPSS, 2009, p. 609-636.

FÁVERO, Eunice Teresinha. O Estudo Social – fundamentos e particularidades de sua construção na Área Judiciária. In: CFESS (Org.). O Estudo Social em perícias, laudos e pareceres técnicos – contribuições ao debate no Judiciário, Penitenciário e na Previdência Social. São Paulo: Cortez, 2010, p. 9-51.

FESTA, Regina. Comunicação popular e alternativa: realidade e utopias. São Bernardo do Campo: IMS, 1984.

FESTA, Regina. Elementos para uma análise da comunicação na América Latina: perspectivas para os anos 90. In: Peruzzo, C.M.K. (Org.). Comunicação e culturas populares. São Paulo: Intercom, 1995. p. 125-142.

FESTA, Regina. Movimentos sociais, comunicação popular e alternativa. In: Festa, R.; Silva, Carlos Eduardo Lins da (Orgs.). Comunicação popular e alternativa no Brasil. São Paulo: Paulinas, 1986. p. 9-30.

FIGUEIREDO, Kenia Augusta. Comunicação pública e políticas sociais: uma conexão de princípios. Revista de Comunicação Dialógica, n. 7, p. 85-108, 2022.

FIGUEIREDO, Kênia Augusta. O assistente social na era das comunicações. In: RUIZ, Jefferson Lee de Souza; SALES, Mione Apolinário (Org.). Mídia, Questão Social e Serviço Social. 3ª edição. São Paulo: Cortez, 2011, p. 323-343.

FIGUEIREDO, Kênia Augusta. Serviço Social, linguagem e comunicação pública: desafios na contemporaneidade. Texto base do pronunciamento realizado na Roda de Conversa Serviço Social e Comunicação, Redes Sociais, Linguagem e Política, promovido pelo Conselho regional de Serviço Social de Minas Gerais – CRESS-MG, em 26/04/2013, p. 1-10.

Referências | 97

FRASER, Márcia Tourinho Dantas; GONDIM, Sônia Maria Guedes. Da fala do outro ao texto negociado: discussões sobre a entrevista na pesquisa qualitativa. Ribeirão Preto: Paidéia, v. 14, n° 28, Maio/Agosto 2004.

FREIRE, P. Pedagogia da autonomia. Saberes necessários à prática educativa. São Paulo: Paz e Terra, 2000.

FREIRE, Paulo. A educação como prática da liberdade. Rio de Janeiro: Paz e Terra, 1981.

FREIRE, Paulo. A importância do ato de ler. São Paulo: Cortez, 1982.

FREIRE, Paulo. Conscientização. Teoria e prática da libertação. São Paulo: Cortez & Moraes, 1979.

FREIRE, Paulo. Educação como prática da liberdade. 12ª ed. Rio de Janeiro: Paz e Terra, 1981.

FREIRE, Paulo. Extensão ou comunicação? 3ª ed. Rio de Janeiro: Paz e Terra, 1977.

FREITAS, Ermani Cesar de. Cultura, linguagem e trabalho: comunicação e discurso nas organizações. In: Revista do Programa de Pós-Graduação em Letras da Universidade de Passo Fundo, v. 7, n° 1, p. 104-126, Janeiro/Junho 2011.

GIDDENS, Anthony. A Mídia e as Comunicações de Massa. In:_____. Sociologia. 4ª edição. Porto Alegre: Artmed, 2005, p. 367-394.

GIDDENS, Anthony. Interação Social e Vida Cotidiana. In:_____. Sociologia. 4ª edição. Porto Alegre: Artmed, 2005, p. 82-101.

GIMÉNEZ, Gilberto. Notas para uma teoria da comunicação popular. Cadernos CEAS. Salvador: CEAS, n. 61, pp. 57-61, maio-jun. 1979.

GRANEMANN, Sara. Processos de trabalho e Serviço Social. In: CFESS; ABEPSS, UnB. (Org.). Trabalho, Reprodução Social e Serviço Social. 1ª ed. Brasília: CEAD/UnB, 1999, v. 2, p. 154-166.

GRIMAL, Pierre. Mitologia grega. L&PM Pocket, 2009.

GUARESCHI, Pedrinho A.; BIZ, Osvaldo. Mídia, educação e cidadania: tudo o que você deve saber sobre mídia. Petrópolis, RJ: Vozes, 2005.

GUERRA, Yolanda. A instrumentalidade no trabalho do assistente social. In: CFESS/ABEPSS. Capacitação em Serviço Social e Política Social. Brasília: UnB, 2000, p. 1-16.

Comunicação e a Prática do/a Assistente Social

GUERRA, Yolanda. Racionalidade do capitalismo e serviço social. In: _____.
A instrumentalidade do serviço social. 7ª ed. São Paulo: Cortez, 2009.

HAMELINK, Cees J. Direitos humanos para a sociedade da informação. In:
MELO, José Marques de; SATHLER, Luciano (Org.). Direitos à comunicação na sociedade da informação. São Bernardo do Campo, Metodista, 2005,
p. 103-151.

HOUAISS, Antônio; VILLAR, Mauro de Salles; FRANCO, Francisco Manoel
de Mello. Dicionário Houaiss da língua portuguesa. In: Dicionário Houaiss da
língua portuguesa. 2001. p. lxxiii, 2922-lxxiii, 2922.

IAMAMOTO, Marilda Villela. O Trabalho Profissional na Contemporaneidade.
In: _____. O Serviço Social na Contemporaneidade: trabalho e formação profissional. 17ª ed. São Paulo: Cortez, 2009, p. 015 –165.

IAMAMOTO, Marilda Villela. Os espaços sócio-ocupacionais do assistente social. In: CFESS/ABEPSS. Serviço Social: direitos e competências profissionais.
Brasília: CFESS/Abepss, 2009. p. 341-375.

IAMAMOTO. Marilda Villela Iamamoto. Projeto Profissional, Espaços Ocu-
pacionais e trabalho do (a) assistente social na atualidade. CFESS. *Atribuições
privativas do/a assistente social em questão*. 1ª Ed Ampliada. Brasília, 2012.

IAMAMOTO, Marilda Villela. O Serviço Social na cena contemporânea. In:
CFESS/ABEPSS. Serviço Social: Direitos Sociais e Competências Profissionais.
Brasília: CFESS/ABEPSS, 2009.

IAMAMOTO, Marilda Villela; CARVALHO, R. de. Relações sociais e Serviço Social no Brasil: esboço de uma interpretação histórico-metodológica. São
Paulo: Cortez; Lima: Celats, 2015.

KAPLÚM, Mário. Processos educativos e canais de comunicação. Revista Comunicação & Educação. São Paulo: Moderna/ECA-USP, jan./abr.de 1999, p.
68-75.

KOCH, Ingedore Grunfeld Villaça. Introdução. In:_____. A inter-ação pela
linguagem. 2ª edição. São Paulo: Contexto, 1992, p. 9-12.

KOCH, Ingedore Grunfeld Villaça. Linguagem e interação face a face. In:_____.
A interação pela linguagem. 2ª edição. São Paulo: Contexto, 1992, p. 66-110.

Lei nº 8.662, de 7 de junho de 1993.

LEÓN, Osvaldo. Democratização das comunicações. Disponível em: www.movimientos.org/foro_comunicacion (documentos).

LEÓN, Osvaldo. Para uma agenda social em comunicação. In: MORAES, Dênis de (Org.). Por uma outra comunicação – Mídia, mundialização cultural e poder. 4ª edição. Rio de Janeiro: Record, 2009, p. 401-414.

LIMA, Telma Cristiane Sasso de; MIOTO, Regina Célia Tamaso; PRÁ, Keli Regina Dal. A documentação no cotidiano da intervenção dos assistentes sociais: algumas considerações acerca do diário de campo. In: Revista Textos & Contextos, v. 6, n° 1. Porto Alegre: 2007, p. 93-104.

LIMA, Venício A. de. Comunicação e cultura: as ideias de Paulo Freire. 2. ed., Brasília: UnB, 2011.

LIMA, Venício Artur de. Comunicação e Cultura: as ideias de Paulo Freire. Rio de Janeiro: Paz e Terra, 1981, p. 59 – 134. LIMA, Venício Artur de. Mídia: teoria e política. 2ª edição. São Paulo: Fundação Perseu Abramo, 2004, p. 19-68.

LOPES, António Jardson Ferreira et al. POLÍTICA NACIONAL DE COMUNICAÇÃO DO CONJUNTO CFESS/CRESS: DESAFIOS E PERSPECTIVAS. 2017.

MAGALHÃES, Selma Marques. Avaliação e linguagem: relatórios, laudos e pareceres. 3ª edição. São Paulo: Veras Editora, 2011.

MARCONSIN, Cleier. Documentação em Serviço Social: debatendo a concepção burocrática e rotineira. In: GUERRA, Yolanda e FORTI, Valéria (Org.). Serviço Social: Temas, textos e contextos. Coletânea Nova de Serviço Social. Rio de Janeiro: Editora Lumen Juris, 2010, p. 65-76.

MARTINS, Sueli Terezinha Ferreira Martins; SILVA, Luiz Fernando da. Linguagem e pensamento: a perspectiva marxista. In: COELHO, Jonas Gonçalves; VICENTE, Maximiliano Martin (Org.). Pensamento e Linguagem – Subjetividade, Comunicação e Arte. São Paulo: Editora Unesp, 2008, p. 39-58.

MIOTO, Regina Célia Tamaso. Orientação e acompanhamento social a indivíduos, grupos e famílias. In: CFESS; ABEPSS (Org.). Serviço Social: direitos sociais e competências profissionais. Unidade V: atribuições privativas e competências do Assistente Social. Brasília: CFESS/ABEPSS, 2009, p. 497-512.

MNDH. Carta de Brasília – Encontro Nacional de Direitos Humanos. Brasília: Câmara dos Deputados, 2005.

MORAES, Dênis de. Gramsci e as mutações do visível: comunicação e hegemonia no tempo presente. In:_____. Mutações do visível: da comunicação em massa à comunicação em rede. Rio de Janeiro: Pão e Rosas, 2010, p. 77-112.

MOTA, A. E.; RODRIGUES, M. Legado do Congresso da Virada em tempos de conservadorismo reacionário. Rev. katálysis, Florianópolis, v. 23, n. 2, p. 199-212.

NETTO, José Paulo. A Construção do Projeto Ético-Político do Serviço Social. In: MOTA, Ana Elizabete et al. (Org.). Serviço Social e Saúde: formação e trabalho profissional. 3ª ed. São Paulo: Cortez, 2008, p. 141-160.

NETTO, José Paulo. A Renovação do Serviço Social sob a Autocracia Burguesa. In: _____. Ditadura e Serviço Social: uma análise do Serviço Social no Brasil pós-64. 13ª ed. São Paulo: Cortez, 2009, p. 113-308.

NETTO, José Paulo. As condições histórico-sociais da emergência do Serviço Social. In: _____. Capitalismo monopolista e serviço social. 7ª ed. São Paulo: Cortez, 2009, p. 15-81.

NETTO, José Paulo. Transformações societárias e Serviço Social: notas para uma análise prospectiva da profissão no Brasil. In: Revista Serviço Social & Sociedade, nº 50, Ano XVII, Abril 1996. São Paulo: Cortez Editora, 1996, p. 87-132.

NETTO, José Paulo. Ditadura e Serviço Social. São Paulo: Cortez, 2015.

NETTO, José Paulo. A construção do projeto ético-político contemporâneo. In: Capacitação em Serviço Social e Política Social. Módulo 1. Brasília: CEAD/ABEPSS/CFESS, 1999.

PALÁCIOS, Marcos. Sete teses equivocadas sobre comunicação comunitária. In: MONTORO, Tânia (Org.). Comunicação e Mobilização Social. Brasília: UnB, v. 2, 1997, p. 32-41.

PASQUALI, Antônio. Um breve glossário descritivo sobre a comunicação e informação (para clarear e melhorar o entendimento mútuo). In: MELO, José Marques de; SATHLER, Luciano (Org.). Direitos à comunicação na sociedade da informação. São Bernardo do Campo, Metodista, 2005, p. 15-48.

PAULO, Folha de S. Nova enciclopédia ilustrada Folha — a enciclopédia das enciclopédias. Volume I. São Paulo: Folha da Manhã S.A., 1996, p. 214.

Referências | 101

PEREIRA CASALI, J.; CRUZ DOS REIS, B.; TRILHA, C.; PINTO DE OLI-
VEIRA, D.; MENDES SOARES, L.; RIGHI FONSECA, L.; COSTA CÔR-
REA, M.; MIRANDA DO AMARAL, R.; CAMARGO GRUENDEMANN,
V. L.; BARROS DE OLIVEIRA, S. Serviço social no Brasil: das décadas de 30
a atualidade. Anais do Salão Internacional de Ensino, Pesquisa e Extensão, v. 3,
n. 1, 3 fev. 2013.

PEREIRA, Raimundo R.. Viva a imprensa alternativa. Viva a imprensa alternativa. In: In: Festa,; Silva, Carlos Eduardo Lins da (Orgs.). Comunicação popular
e alternativa no Brasil. São Paulo: Paulinas, 1986. p. 53-79.

PERUZZO, Cicilia M. K. Comunicação comunitária e educação para a cidadania. Revista PCLA – Pensamento Comunicacional latino Americano. São
Bernardo do Campo: Cátedra Unesco-Umesp, v. 4, n. 1, p. 1-9, 2002.

PERUZZO, Cicilia M. K. Comunicação nos movimentos populares: a participação na construção da cidadania. 3ª ed. Petrópolis: Vozes, 2004.

PERUZZO, Cicilia M. K. Ética, liberdade de imprensa, democracia e cidadania.
Revista Brasileira de Ciências da Comunicação. São Paulo: Intercom, n. 2, v.
XXV, p. 71- 88, 2002.

PERUZZO, Cicilia M. K. Mídia comunitária. Comunicação & Sociedade. São
Bernardo do Campo: Póscom-Umesp, n. 30, p. 141-156, 1998.

PERUZZO, Cicilia M. K. Webjornalismo: do hipertexto e da interatividade ao
cidadão jornalista. Verso e Reverso – Revista da Comunicação. São Leopoldo:
Unisinos, n. 37, p. 77-95, 2003.

PERUZZO, Cicilia M. Krohling. Aproximações entre a comunicação popular
e comunitária e a imprensa alternativa no Brasil na era do ciberespaço. Galáxia,
n. 17, p. 131-146, 2009.

PERUZZO, Cicilia M. Krohling. Direito à comunicação comunitária, participação popular e cidadania. Lumina, v. 1, n. 1, 2007.

PERUZZO, Cicilia M. Krohling. Ideias de Paulo Freire aplicadas à comunicação popular e comunitária. Revista FAMECOS: mídia, cultura e tecnologia, v.
24, n. 1, 2017.

PERUZZO, Cicilia M. K. Comunicação comunitária e educação para a cidadania. Revista PCLA – Pensamento Comunicacional Latino Americano. São
Bernardo do Campo: Cátedra Unesco- Umesp, v. 4, n. 1, p. 1-9, 2002.

102 | Comunicação e a Prática do/a Assistente Social

PERUZZO, Cicilia M. K. Comunicação nos movimentos populares: a participação na construção da cidadania. 3ª ed. Petrópolis:Vozes, 2004.

PERUZZO, Cicilia M. K. Comunidades em tempo de redes. In: Peruzzo, Cicilia M.K; COGO, Denise; aplún, Gabriel (Orgs.) Comunicación y movimientos populares: ¿cuales redes? São Leolpoldo: Unisinos, 2002b. p. 275-298.

PERUZZO, Cicilia M. K. Direito à comunicação comunitária, participação popular e cidadania. In: Oliveira. Maria José da C. (Org.). Comunicação pública. Campinas: Alínea, 2004b. p. 49-79.

PERUZZO, Cicilia M. K. Mídia comunitária. Comunicação e Sociedade: revista do Programa de Pós-Graduação em Comunicação Social. São Bernardo do Campo: UMEP, n. 30, p. 141-156, 1998.

PERUZZO, Cicilia M. K. Comunicação para o desenvolvimento, comunicação para a transformação social. Monteiro Neto, Aristides. Sociedade, política e desenvolvimento-Desenvolvimento nas Ciências Sociais: o Estado das Artes, p. 161-195, 2014.

PERUZZO, Cicilia M. K. Revisitando os conceitos de comunicação popular, alternativa e comunitária. In: Congresso Brasileiro De Ciências Da Comunicação. 2006. p. 1-17.

PONTES, Reinaldo Nobre. Mediação e Serviço Social: um estudo preliminar sobre a categoria teórica e sua apropriação pelo Serviço Social. Cortez Editora, 2018.

PUNTEL, Joana T. A Igreja e a democratização da comunicação. São Paulo: Paulinas, 1994.

RAICHELIS, Raquel. O trabalho do assistente social na esfera estatal. In: CFESS;ABEPSS (Org.). Serviço Social: direitos sociais e competências profissionais. IV: o significado do trabalho do assistente social nos distintos espaços sócio-ocupacionais. Brasília: CFESS/ABEPSS, 2009, p. 377-391.

RAMOS, Murilo César. Comunicação, direitos sociais e políticas públicas. In: MELO, José Marques de; SATHLER, Luciano (Org.). Direitos à comunicação na sociedade da informação. São Bernardo do Campo, Metodista, 2005, p. 245-253.

RUIZ, Jefferson Lee de Souza. Comunicação como direito humano. In: RUIZ, Jefferson Lee de Souza; SALES, Mione Apolinário (Org.). Mídia, Questão Social e Serviço Social. 3ª edição. São Paulo: Cortez, 2011, p. 82 – 102.

RUSSO, Renato. L'"Avventura. Legião Urbana. A Tempestade [álbum musical]. Brasil: EMI–Odeon, 1996.

SALES, Mione Apolinário. Mídia e questão social: o direito à informação como ética da resistência. In: RUIZ, Jefferson Lee de Souza; SALES, Mione Apolinário (Org.). Mídia, Questão Social e Serviço Social. 3ª edição. São Paulo: Cortez, 2011, p. 33-81.

SANTOS, Cláudia Mônica dos. Na prática a teoria é outra? Mitos e dilemas na relação entre teoria, prática, instrumentos e técnicas no Serviço Social. Rio de Janeiro: Editora Lumen Juris, 2010, p. 1-100.

SANTOS, Josiane Soares [et al.]. Fiscalização do exercício profissional e projeto ético-político. In: Serviço Social e Sociedade, Jan/Mar 2010, nº 101, p. 146-176.

SANTOS, Milton. Uma globalização perversa. In:_____ Por uma outra globalização – do pensamento único à consciência universal. 14ª edição. Rio de Janeiro: Record, 2007, p. 37-78.

SAUSSURE, Ferdinand de. Introdução, Capítulo III: Objeto da Linguística. In: BALLY, Charles; SECHEHAYE, Albert (Org.). Curso de Linguística Geral. São Paulo: Cultrix, 2006, p. 15-25.

SEVERINO, Antônio Joaquim. Subsídios para uma reflexão sobre novos caminhos da interdisciplinaridade. In: SÁ, Jeanete Liasch Martins de. (Org.). Serviço Social e 97 interdisciplinaridade: dos fundamentos filosóficos à prática interdisciplinar no ensino, pesquisa e extensão. 4ª ed. São Paulo: Cortez, 2002, p. 11-21.

SILVA, Jacqueline Oliveira. O trabalhador assistente social: o saber e o fazer profissional. In:_____. Educação, processo de trabalho e serviço social. 3ª edição. Porto Alegre: Dacasa, 1997, p. 81-110.

SOUSA, Charles Toniolo. A prática do Assistente Social: conhecimento, instrumentalidade e intervenção profissional. In: Revista Emancipação, v. 8, n. 1. Ponta Grossa/PR: UEPG, 2008, p. 119-132.

VIEIRA, Balbina Ottoni. Evolução da ideia de ajuda aos pobres no mundo ocidental. In: _____. História do Serviço Social: contribuição para a construção de sua teoria. 4ª ed. Rio de Janeiro: Agir, 1985.

YASBEK, M. C. Os fundamentos históricos e teórico-metodológicos do Serviço Social brasileiro na contemporaneidade. In: Serviço Social. Direitos sociais e competências profissionais. Brasília: CFESS/ABEPSS, 2009.